神の三位一体が人権を生んだ

現代思想としての古代・中世哲学

八木雄二
YAGI Yuji

春秋社

神の三位一体が人権を生んだ　目次

第1章　神の三位一体と人権……3

神の三位一体が人権を生んだ——現代思想としての古代・中世哲学

第1章
神の三位一体と人権

1　人権思想とは何か

ヨーロッパが個人の人権を尊重する文化をもっていることはよく知られている。

民主主義国家には、生活の安全や所有を脅かしたり、生命を奪いかねない抑圧や危険から国民を守る義務がある。また万国共通の政治原理として、人種や国籍、民族、性、そのほか、生まれにおいて差別されてはならないという規準を掲げている。個人が安心して生きていけるように守るとともに、個人間で不当な扱いが起こりがちな属性を並べ、それらに配慮することで人が差別されない社会をつくる。これが民主主義社会であり、人権を守ることだと考えられている。具体的な法律が整備されていれば、政策の場面では、これらは十分に実行に移せるだろう。

しかしもう一歩踏みこんで、わたしたち個人の日常生活で人権を守るにはどう考えればよいかというと、案外あやふやである。個人の安全といっても、性格も違うし、ひとりひとりの心の受けとめ方も違う。先生が生徒を立派に育てようとして厳しく指導することが一部の生徒を自殺に追いこむ場合もある。批判に強い子もいれば弱い子もいる。何が差別として受けとめられるかは、人それぞれかもしれない。具体的な問題にあまり深入りして千変万化する心のありように踏み入っても、問題は複雑になるだけで解決しないだろう。「人権」それ自体のありようを見つけなければならない。

たとえば、個人の人権を守るために差別を避けるというならば、差別によって傷つく「人権」が個人のなかにあるはずである。それはいったい何か。

「人の心」だという答えが返ってくるかもしれないが、それではあまりに漠然としている。人の心は社会的差別だけで傷つくものではないからだ。

人は自分の間違いに気づくことによって、自分自身の心を傷つけることがある。その怒りの矛先を他者に向けたりするが、自分の間違いに気づいて傷つくことは自分の人権侵害なのだろうか。自分の人権を自分で侵害するというのもおかしな話である。とすれば、人の心を傷つけるものが、即、人権を傷つけるものとは言えない。したがって、少なくとも人権を単純に「人の心だ」とは言えそうにない。

２　国家と人権

「人権」という語は、近代ヨーロッパにおいて民主主義国家をつくるとき、ときの政権がその権力によって個人を不当に扱わないようにするための配慮から生じたものである。法律によって権力の乱用を抑止するための概念であって、一般人どうしの問題から生じた概念ではない。だから法的には「差別の種類」によって人権擁護の政治的方法が明確にされる。

これに対して、正義とか節制といった人間一般の道徳は、法律の条文によって明確にされてきたわけではなく、古くから哲学によってくりかえし論じられてきた。哲学や倫理学の勉強をすれば漠然とでもイメージがもてる。ところが「人権」は、近代以降、哲学という広い分野で論じられることがほとんどなかった。にもかかわらず、いつのまにかヨーロッパでは常識になっていた。

個々人のあいだで人権への配慮が必要だというなら、その人権とは何かがもっと一般に知られる必要がある。配慮すべき人権そのものが何かわからないでいると、たしかに法律の知識をもっていれば行政の場面で権力者が人権を傷つけないこと、差別にあたる扱いや発言を慎むことはできるだろうが、それでもなお「これは人権を傷つける差別なのか、それとも相手の間違いを正して公共の正義を守ることなのか」といつまでも悩み、あるいは、とり違えることも起きてしまう。

　外国人に「出ていけ」とか、若い人に「子どもをつくらないのは間違っている」とか、生活困窮世帯に「貧乏なのは自己責任だ」とか、性の不一致に悩む人に「男は男らしく、女は女らしくすべきだ」とか、「悪いやつは法によって殺すべきだから死刑制度は守るべきだ」とアピールする人がいる。その人たちは自分の発言を社会の繁栄や公共の福祉のため、公共の秩序を守るための正義の発言だと思っているに違いない。他方、差別と闘っている人たちは、「それは差別だ」「間違いだ」「相手の立場に立って考えるべきだ」、死刑制度の場合には「裁判にも間違いがある」といったことしか、ことばをもっていないように見える。

　かくいうわたし自身、かつて大学の講座で「人権」を扱ったことがある。講座を依頼されたときは、いろいろ調べればそのうちわかるだろうと思って安易に引き受けた。ところが、前期と後期の年二回の講座を数年つづけたにもかかわらず、恥ずかしいことに、最後まで自分が納得できる説明ができなかった。安請けあいしてしまった罪悪感で、その後しばらくもやもやした精神状態がつづいたものである。

3　中世が見つけだしていたもの

　わたしが中世のスコラ哲学に答えらしきものがあることに気づいたのは、ようやく最近になってからである。中世のスコラ哲学はわたしの専門分野であるから、これはもう「灯台下暗し」というほかない。しかしなぜ近代になって、人権という結果だけが常識として残り、それを基礎づけていた考察が哲学者のあいだから見失われたのか、ふしぎではないだろうか。

中世を否定して近代が生まれたという事情から、近代以降のヨーロッパは中世に尊敬すべきものがあったとは認めづらくなったからかもしれない。だから人権は「了解ずみ」のこと、つまり「常識」ということにして論じるのをやめてしまったのかもしれない。人権の基礎にある考察を問題にすれば、中世がクローズアップされ、中世を否定した近代の価値が相対的に下がるからである。

だとすれば、日本で人権がよくわからないのは単に勉強が足りないからだとはいえない。これほど世界中で人権が問題になっているにもかかわらず、インテリの集まりとおぼしき大学でも、人権侵害がくりかえし起きている。ふつうの人間より教養をもっていそうな大学人ですら、そんなものなのである。

結局のところ、ふつうの人が想像する以上に人権には哲学的に困難な問題があり、哲学の世界でも十分に議論されて明瞭になっているわけではなさそうである。だから大学の学者ですら「よくわからない」ままに放置し、ただ法律的に議論されるばかりなのではないだろうか。しかし哲学的に不明瞭なままでは一般人の理解も進まない。公教育でも腑に落ちるような説明がない。政治の場面でのみ、あるいは法律の場面でのみ、ヨーロッパ的近代国家の骨組みとして表面的に語られているだけなのではないか。

4　近代国家と個人

人権は近代民主主義国家の産声である。赤ん坊が声をあげるのは、弱者である自分の存在を人に知らせて守ってもらうためだと考えられている。他の動物の子の場合は、むしろ声をあげない。肉食獣に狙われないためである。だから赤子の産声は、おそらく人間だけにある特殊な習性である。

国家によって人間生来の自由が奪われるべきでなく、また国家によって公平にとり扱われるべきだという原理に基づいて、人権はヨーロッパで近代民主主義国家が誕生する際に生まれた思想である。その「公平」性は何人も差別されないという原則によって確保される。

この公平性が現在、国家の枠を超えて求められるのは、「民主主義」の超国家性の原則、あるいは「人権」の超国家性の原則に基づいているわけだが、この「超国家性」の由来は、カトリック教会が国家を超えた権威をもって中世ヨーロッパの国々を統括した遺産である。さらにさかのぼれば、古代においてローマが帝国制度によって諸地域を支配したやり方を、「神聖ローマ帝国」の名のもとにカトリック教会が受け継いだ遺産なのだ。だからたとえばアメリカは、歴史も文化も異なる中国に対して、疑問を感じることなく、遠慮なしに人権への配慮を求める。

これは政治の場面においては理屈として「わかる」ことである。わからないのは、「何人《なんぴと》も差別されない」というとき、個人のなかの「何」が差別されなければ「人権が守られる」ことになるのかという点である。これがわかれば人は日常的な場面でも相手の人権に配慮することができるはずである。

国家権力の行使としての行政的な場面であれば、何が差別にあたるかが文書で明らかにされ、判断基準が与えられているから、ふつうの役人は「公務においては」人権への配慮ができるし、できなくてはならない。しかし役人であっても、仕事から離れて、プライベートな場面で憂さ晴らしをするときなどは、そうはいかない。「何」が人権であるか、それを侵害することが「悪い」かどうかがわからなければ、知らず知らず人権を侵害してしまうこともあるだろう。

５「人権」と中世神学

さて、日常生活で人権侵害を起こさないためには、人権とは何であるかが一般的な意味で理解できていなければならない。ところが、わたしの目が節穴だからかもしれないが、それを明瞭にしている哲学者がいるように見えない。

ギリシア神話では、女神アテネはゼウス神の頭からとつぜん飛びだしたといわれるが、人権思想が近代の思想家の頭からふいに飛びだしたと考えるのは無理がある。少なくとも人権思想の下地は、近代より前の時代にあったと考えるのが自然だろう。

近代ヨーロッパは一般的に、自分たちの思想の生みの親は中世ではなく、古代ギリシアの偉大な哲学者たちであると主張する。しかしわたしの知るかぎり、人権思想につながると思われる思索は、古代ギリシアや古代ローマには見つからない。

一方中世は、キリスト教会が支配した超国家体制であった。つまり個別の国家を超えた統治権（帝国制度ともいわれる）があり、中世のキリスト教会は、それを古代のローマ帝国から受け継いでいた。この時代の思索（考察）がのちに国際法として超国家的に要求されることがらになった。それゆえ人権についても、この時代に思索され、それがもとになって、超国家的に要求される現代の人権思想につながっていったことはおそらく間違いない。

端的に言わせてもらうなら、近代の「人権」論の基盤は、中世のペルソナ（人格）論にある。ペルソナ論は、キリスト教の「神の三位一体論」から生じている。キリスト教の三位一体論は「父と子と聖霊の三つのペルソナは、ひとつの神である」と主張する。つまり複数のものがひとつのものである（三＝一）という。いかにも暗黒時代・中世の、きわめて不合理な、近代的理性のかけらもない話に思われそうである。こんな思想が人権思想を生みだす機縁になったとしたら、近代以降の哲学者たちが人権を中世思想にもとづいて説明する気がもてないのも仕方がないかもしれない。

しかし、人権思想を育てたゆりかごが事実中世にあるならば、そこからきちんと説明されなければならない。そうでないと、わたしたち日本人のように、ヨーロッパの歴史を背景としない文化で育つ者は、いつまでたっても人権がわからず、そのために気づかぬうちに人権侵害を起こすかもしれないし、反対に、人権侵害でないのに「人権侵害」と喧伝されて、わたしたちの正義が阻害されてしまうかもしれない。

6　キリスト教とギリシア哲学

キリスト教の神は「三位一体」の神である。これはすでに確立した教義であって、キリスト教の常識と見なすほかはない。常識に属さないのは、「三位一体」の中身である。

イエス自身が神は三位一体だと言ったのではない。キリストの直弟子（使徒）たちがその手紙のなかでそれらしいことを言っていると、キリスト教会が言うだけである。

歴史的にはイエスの死後数世代を経て、教会が世界中の司教を集めて開催した公会議で、父と子と聖霊は同じ神の三つのペルソナだと宣言したのである。とくにコンスタンティノポリス公会議で定められたとされる「ニカイア・コンスタンティノポリス信条」は、父と子の同一本質を明確にしたことで名高い。

ちなみにキリスト教会はこの信条（信仰告白）を共通の信仰としてもつ共同体である。この点に注意を払っておかないと、キリスト教を聖書、とりわけ「福音書」を共通の信仰としてもつ共同体だと思ったり、信条も福音書も同じことだと考えてしまう。

しかし福音書はイエスの語った教えを中心として伝える内容である。一方、福音書につづいて聖書に収録されている使徒たちの伝記（使徒言行録）や書簡は、使徒たちがもっていた信仰を伝えるものである。その使徒たちが礎を築いたのがキリスト教会である。

したがってキリスト教会の土台、すなわち教会員・信者の共通の基盤は、直接には使徒たちの信仰であって、イエスの教えではないのである。教会は、使徒たちの共有する信仰を基盤にして、イエスの教えや旧約聖書の教えを解釈し、それを学び、人々に伝える共同体である。たとえばカトリック教会は、その教えをいい加減な理解でひろめる司祭を抑止するために、司祭に十分な教育を施し、厳しい教会秩序を堅持する。

イエスの死後数世代を経て、使徒たちの信仰は、「三位一体の神を信ずる」信仰であると教会が決定した。これ以降、正統キリスト教会は三つのペルソナをもつ唯一の神を信ずる共同体となった。

三つのペルソナのうち「子」のペルソナが、イエス・キリストのペルソナである。このペルソナは神でありながら（つまり「神の本性」をもちつつ）「人間の本性」を受けとり、イエス・キリストとして人々のあいだに現れ、地上で活動した。そして十字架刑の判決を受け、実際に十字架にかけられて死んだが、三日後によみがえり、弟子たちの前に姿を現して天に帰ったとされる。

同一の神が、父であり、子であり、聖霊であること。イエス・キリストが神と人間の両方の本性をもつこと。そのイエス・キリストが十字架で死ぬこと。そして復活したこと。どれをとってもとうていありえないというしかない内容である。このような教義をもったキリスト教会は、ほかの宗教（おもにユダヤ教、イスラム教）から軽蔑された時代があった。古代の末から中世のはじめ、北西ヨーロッパがまだ文明国として誕生する前であるが、すでに古い伝統をもっていたユダヤ教や、少し遅れて急激に発展したイスラム教から、キリスト教は下層階級の人々の宗教であり、幼稚（野蛮で素朴、非合理的）であると見られたのである。

ところで、ギリシア文化（ヘレニズム）は、アレクサンダー大王の帝国がつくりだした巨大な経済圏を通じて、すでにインドまでひろがっていた。イスラエルの地はその足もとにあった。使徒たちの信仰を導いたパウロが育った土地は、完全なヘレニズム世界であった。したがって「ことば」のうえでも、キリスト教会はイエスが語らなかったギリシア語を母語として発展した。またヘレニズムはギリシア哲学を各地にもたらした。それゆえ、教会は教えを語るためにもギリシア語が必要であった。また教えにギリシア文化の権威をもたせるためにも「ヘレニズム」を積極的に導入した。

教義の説明にギリシア哲学を用いることは、教義が理性的なものという証明になった。人間理性の最高の形態とされるギリシア哲学の論理とキリスト教会の教義が一致すれば、教義が理性的なものであることは誰の目にも明らかかと言える。歴史も浅く権威のないキリスト教会が古い伝統をもつユダヤ教と対抗するには、ギリシア哲学の理性の権威が必要だった。

既述したように、三位一体の教義は全キリスト教会の司教が集まった公会議で決まった。ということは、キリスト教の柱となる教義は、偉大な預言者の垂訓によってではなく、人々の会議の席で決まったのである。

会議とは意見交換の場であり討論の場である。それは「哲学」の対話問答、あるいは知の吟味の実践そのものである。特定個人の権威によってではなく十分な議論を経て決めるというのは、いうまでもなくギリシア哲学の知恵である。したがってキリスト教会はその中核的精神のうちにギリシア哲学の遺伝子をもっているのである。

その協議の過程で、三位一体を哲学的（つまり理性的）に説明するために、「ペルソナ」という名辞が使われた。しかしこれが原因となって、たいへん複雑な議論がキリスト教会内部で起きることになる。

7 ペルソナという名辞

「ペルソナ」という名辞はもともと、古代の野外劇で使われた「仮面」を意味する。したがって三位一体の理論で神は、「顔」のイメージで父と子と聖霊が区別される。同じ神だが、父の顔をもつ神と、子の顔をもつ神と、聖霊の顔をもつ神という区別である。

区別のための名がつけられても、中身が理解されたわけではない。ただペルソナという一般名詞が与えられたことによって、父と子の区別があっても、どちらもペルソナであるから、神の本性上の区別ではなく、「ペルソナにおける区別である」と述べることができるようになった、というだけのことである。

もし「神が本性（本質）上で区別される」というと、神は複数の異なる本質をもつことになる。キリスト教は唯一の神を立てるのだから、神が本性上で区別されて複数いることは、端的に否定される。あくまでも神はその本性ないし本質においてひとつである。したがって、父と子と聖霊の区別は、本性上・本質上の区別とは異なる別の区別でなければならないので、「ペルソナ」という名を用いることによって、この本性上の区別とは別の区別を語ることを可能にしたのである。つまりペルソナの区別は、神を複数化せずに、ひとつの神のうちに区別を立てるためのものである。

しかしペルソナによる区別を立てれば、「ペルソナとは何か」という問いが必然的に生ずる。そして「ペルソナとは何か」という吟味を通じて、ペルソナにおける違いを理解しようという研究の道筋ができた。それが人間のなかの個人の中核を象徴する「人格」の理解につながり、やがて「人権」の思想を生みだしたというのが、わたしの見立てである。

神学者トマス・アクィナス（一二七四年没）も、「ペルソナ」という名づけはけしてその中身が理解されたことで選ばれたわけではないと、主著『神学大全』で述べている。中身が理解されて、「それに基づいてこの名称が附せられたのではなく、それを表示するためにこの名称が附せられた(1)」と彼は言う。

つまり、父と子と聖霊のあいだに区別があることだけが明らかな状態で、名づけが行われた。それによって「それはペルソナの区別だから神の本性の区別ではない」という表現が可能になった。しかし父とは何であり、子とは何であり、聖霊とは何であるかがわかったうえで、ペルソナの名がつけられたのではない。父と子と聖霊の区別を「何の区別か」を述べるために、「ペルソナ」という名がつけられたにすぎない。

たとえばここにふたりの兄弟がいるとして、兄と弟にそれぞれ異なる名前を与えることで、わたしたちははじめて、同じく人間であり同じく人の子であるふたりを区別して、「太郎」とか「次郎」と呼ぶことができる。このときそれぞれの名前を知っていれば、それぞれの名前でふたりを呼ぶことができるが、一般論として「ふたりは同じく人間であるが、名前において異なる」と言うためには、「名前」という名辞が、具体的な個々の名前をまとめて指す語として必要になる。日常的なことがらを一般論として論題にするためには、そのための一般名詞が必要になるのである。

しかし「名前」という名辞が発明されたとしても、それによって兄弟それぞれがもつ異なった人格内容が理解されたわけではない。ただ、兄弟が異なるふたりであることが、「ふたつの名前」があることによって示されただけである。

神についても、「ペルソナ」という名詞と「神」という名詞を区別すれば、「神はひとつの神でしかないが、ペルソナには父と子と聖霊がある」と区別して言うことができる。「ペルソナ」という名辞の活用は、まずはそれだけの意味である。

8　ペルソナは、同じ本性に属する区別された個を表示する

ペルソナとは、同じ本性をもつ個人個人の人格を差別する（区別する）概念である。この概念において、それぞれが異なる人格であって、たがいに尊重すべし、といわれるのである。「概念をもつ」とは「認識をもつ」ことだから、言い換えれば、個々人の人格の違いに配慮する意識をもちましょう、ということになる。

わたしたちは日頃、「差別をなくそう」と言われているのを聞く。ところでペルソナ、あるいは個人名は、同じ人間本性のうちの個々人の区別、つまり個々人のあいだに何らかの相違、ないし差があることを示している。

したがって「差別をなくそう」というとき、一方でその差別を積極的に認めながら、同時に、同じ人間どうし、同じ人間本性をわけもった個人のあいだで、差別を否定しなければならないのである。「男女の区別は男女の差別にならないか」という問題を考えればわかりやすいかもしれない。違いがあることは積極的に認めつつ、その違いの認識がどのような仕方で「間違っ

た差別」を引き起こすのか。それがわからなければ差別はなくならない。

ともあれ、まずは中世のペルソナ論がいかにして人権思想の基盤になったかを、できるだけ順序立てて示そうと思う。

9 トマス・アクィナスのペルソナ理解

先述のとおり「ペルソナ」は特定の概念があったうえであてられた名ではなく、まだ正確な概念がないものを一般的に「表示する」ために、周囲にあった「仮面」を意味する単語をもってきて、あえて信仰を説明する単語としてキリスト教会が使ったものである。しかし、それを哲学の世界に位置づけるためには、ペルソナとは何かを探究しなければならない。これは三位一体を奉じるキリスト教会が、ギリシアから哲学を学んだ学者に解決を求めた問題である。そのときから問題は、教会側に立つ哲学者にとって避けられない課題になった。

もちろんそれ以前においても、「個」の問題は「普遍」との関係で問うべき課題ではあって、「普遍論争」の名で中世の若者たちを熱狂させたことはよく知られている。しかし、それは人間だけではなく、あらゆる事物についての問題であった。たとえば「ある一匹の馬」と、「馬一般」の関係の問題である。

ところが、そこに、「ペルソナ」が、特別に神的に価値のあるものとして、哲学（吟味）の俎上にのぼってきた。ペルソナは事物の個ではなく、動物の個でもなく、精神的な個である。このとき、たんなる個と普遍の問題（普遍論争）の結着では終わらない、「個人の人格」が哲学の問題となった。

中世スコラ哲学の中心人物と考えられている神学者トマスは、ペルソナについてつぎのように言う。演劇で舞台に立つものはひとかどの人物と見られているように、教会のなかでもひとかどの人物が「ペルソナ」と呼ばれている、と。[2]すなわちトマスによれば、当時「ペルソナ」は、だれにでもあるものとは一般的に考えられていなかったのである。むしろ舞台上の役柄が人目をひく特別なものであるように、人間のなかでも特別に価値ある人間がペルソナと受けとられていた。才覚を発揮して衆目の視線を浴びる人を「パーソナリティ」と呼ぶのは、ヨーロッパに残るこの言語習慣からである。トマスはこの言語習慣を根拠にして、ひとかどの人物がもつ「優位性」が「ペルソナ」と呼ばれると言う。ここで「優位性」と訳されたラテン語は「ディグニタス」、英語では「ディグニティ」であり、現代の日本では「尊厳（性）」と訳されている。

つまり現代では一般の個人の人格がもつ「尊厳（性）」と呼ばれるものが、トマスによれば「ペルソナ」と呼ばれていた。しかし当時、尊厳（性）があると認められていたのは社会のなかでも「優位に立つ」人物だけであり、キリスト教社会で優位に立つ人物とは司教や国王である。教会の権威を背景にした司教や武力をもつ王は、人々のあいだでは神に近いとも見られていた。すなわち社会の支配層にあって特別に神に近いものが「ペルソナ」と呼ばれていたのである。

トマスはこのことを指摘して、それゆえに、（社会の支配層の人間よりも）さらに上位である神のうちにペルソナと呼ばれるものがあることは、何ら不都合なことではないと論じた。

そしてトマスは、その優位性の根拠は理性にあると主張する。司教（いわばキリスト教会のなかの王）や国王は、彼らが優れた「理性」をもつと見られることによって、人間社会のなかで「優位の人」なのだと言う。

トマスが優位性を理性によるとしたのは、いうまでもなくギリシア哲学の権威に基づいている。しかし優位性をもっぱら理性によるとするなら、司教や国王ではなく、神学者がペルソナの典型となるはずではなかろうか。アリストテレスによれば、哲学者がもっとも理性的（観想的）な生活をしているのだから、神学者こそだれよりもペルソナであると言わねばならない。ところがトマスは、この点を素通りして司教や国王をペルソナの典型とする。この齟齬は「ペルソナ」概念の複雑な側面に由来すると考えなければならない。

結局のところトマスのテキストには、ペルソナを人間のなかの優位性、すなわち理性に基礎づけるということと、一般社会の見方として、社会のなかの優位性に基礎づけるということの、二重の基準が見いだされる。基準がひとつに定まっていないという点を見るなら、トマスにおいてはまだペルソナ概念が明確な答えに達していなかったといわざるをえない。

たしかにトマスにおいてペルソナの尊厳が述べられているし、それは近代に引き継がれた。しかし、トマスが言っているのは実のところ「そこから一歩引きさがりなさい、頭が高い」ということだけである。相手を「ひとかどの人物」と受けとることによって各人はたがいに距離を置く。そうすれば個人の存立を守ることはたしかにできるかもしれないが、人権における差別や区別の問題は理解できない。なぜなら「国王さま」や「司教さま」なら、一般庶民は遠ざけておけばよいかもしれないが、一般人どうしで差別するかしないかという問題は、それが国王であろうと外国人であろうと、相手を避けるのではなく、むしろ相手と積極的な関係を構築するときにどうあるのが妥当か、という問題だからである。「人を理由なしに遠ざける」ことも人権侵害だろう。

10　実体とペルソナ

さて、トマスの主張のなかで、国王や司教といった社会における高い権威によるペルソナ理解は、その妥当性が近代の民主主義によってすでに崩壊している。トマスが例にあげる「優位性」は、中世の封建社会の秩序を前提とするからである。したがって、それにもとづく「ペルソナ」理解はすでに無意味になったといえよう。

トマスの主張で現代のわたしたちにとって有意味なのは、「ペルソナ」が「理性」に基づく

「名づけ」だということである。個人のもつ「理性」が個人の人権の根拠だということである。

トマスが『神学大全』の同じ箇所で、優位性とは別にもうひとつ指摘しているペルソナの特性は、「個」ということである。人間であれば、太郎とか次郎とか「名づけられる」ものは「個人」である。「ペルソナ」の名は個人につけられるのだから、ペルソナの特性のひとつに「個」があることは明らかである。一般名詞である「神」や「人間」が「ペルソナ」と名づけられることはない。神においても「父」「子」「聖霊」のそれぞれが「ペルソナ」と呼ばれる。

ところが、アリストテレスから受けとったギリシア哲学では、経験される場面の「個」は、一般に「実体」を意味した。そしてアリストテレスでは実体には偶性がつきものであった。実体があればかならず偶性がある。いや、偶性があってはじめて実体が探究できるわけだから、偶性がなければ実体があるとは言えないとさえいえる。つまりアリストテレスにおいては、偶性をともなわない実体は「ない」ものである。

ところが、神は純粋な永遠的存在とされるので、偶性（ときどきに起こるもの）が神にあるとはいえない。それゆえトマスは、神のペルソナが実体といわれるときは、実体の意味を「独立的に存在している」という意味に限定して受けとるというのである。

アリストテレスにおいては、「実体」とは、偶性として現れている現象の向こうに「在るもの」という意味があった。アリストテレスは『形而上学』において、そういう意味をこめて、偶性の向こうに在る「実体」を探究した。

このときの「実体」は、精神的であるか感覚的であるかは問われていないが、「ことば（ロゴス）」において「主語」として扱われるもの、という意味がこめられている。「主語として扱われるもの」とは、それ自体が主体的に動くということであり、広く「生命的」（霊魂をもつもの）であることを意味する。

当時は天体にも独自の霊魂があり、主体的に動いていると考えられていたので、地上から天上世界まで独自に動いているものを「主語」とし、それに付随して現象している事柄（＝偶性）を「述語」として、正確に分類することをアリストテレスは吟味した。その結果列挙されたのが、有名な一〇個の「範疇（カテゴリー）」である。

したがって、トマスを含む中世哲学がアリストテレスから受けとった「実体」の意味には、キリスト教的見地からすれば、変化する有限の存在、つまり「被造物」の要素が満載である。実体は――それが何であれ――多くの偶性をともない、それらの偶性が列挙されなければならない。しかし神に偶性はない。

それゆえキリスト教神学者であるトマスは、神について「実体」の語を用いるに際して、このことばのもつ被造物的性格を除去し、「独立して存在しているもの」という意味のみを残して、「ペルソナは実体である」と言ったのである。

この「独立して」という語の意味には「主体的に動く」ことが含まれる。それはアリストテレスの哲学で説明したように、「生きている」ことも意味する。

ところで、ペルソナを説明する箇所でトマスは、「独立して」につづく「存在している」ということばとして、ラテン語の「エグジステンス（existens）」を用いている。この単語は、中世では多くの場合「現実に目前に存在している」の意味で使われる。ラテン語の「exsit」が「出てくる」「現れてくる」「顕在する」ことを含意するからである。

しかし現代哲学の「実存主義（existentialism）」というときの「実存」は、ご存じのとおり、それにとどまらない意味を含んでいる。ヨーロッパの言語習慣のこうした歴史を背景とするがゆえに、「実存」には「生きていること」「主体的であること」の概念が含まれるのである。神においても、いずれのペルソナも「生きている」うえに「主体的で」ある。

くりかえすが、「実体」概念が神のペルソナに用いられるときには、「偶性との関係」は除去される。偶性との関係で探究される実体は、アリストテレスの考えていた実体、つまり被造物の実体だからである。神のペルソナの実体概念には、「生きていること」「主体的であること」、そして「個」であるという性格だけが残されるのである。

11　個とペルソナと普遍論争

ところが、「個」であるという性格にも被造物にまつわる概念が入りこんでくる。アリストテレスにおいては、実体概念に偶性概念がまつわりついていたように、「個」の概念には「普遍」との関係が必然的にまつわりつくからである。これは中世にさかんだった「普遍論争」と関係する。

中世においては、「個」よりも「普遍」のほうが実在すると見られていた。このような理解は、イデアこそが実在し、イデアを分有する個々のものはイデアの影であると述べたプラトンに淵源するが、中世では神が「普遍」として受けとられていることも大きかった。「神」という名は、三つのペルソナに共通する名である。それゆえ個的に言われるペルソナに対して「共通な」神は「普遍」なのである。そのうえ「神」は、さまざまな宗教で用いられる一般名詞（普遍的な名）だった。そして暗黙的にであろうと、その実在が前提でなければ、「神学」などありえない。

自分たちの周囲に感覚的に見いだされる個体の現前は、その裏に隠れた普遍が知性に現前して実在することを端的に要請している。普遍論争はこの問題から生じた論争なのである。

普遍を実在と見る正統派は、実在するのは普遍であるにもかかわらず個が現前する問題に対して、普遍を「個別化する原理」を主張することで回答した。言い換えれば、普遍を個別化する原理を考案することによって、普遍と個の両方の実在を認め、普遍の実在を第一義の実在と見なしつつ、感覚的に現前する個の実在をも説明しようとしたのである。

したがって、この個別化の原理についての研究はもっぱら中世のものであり、アリストテレスの古代にはなかった。アリストテレスには、いまだ「個」と対立する「普遍」の実在という観点がなかったからだ。普遍概念のもつ普遍性が個と鋭く対立するという「論理」はアリストテレス以後、古代末期の新プラトン主義の哲学者ポルフュリオスの目に、おぼろげながら見えたのだと思われる。ポルフュリオスは、それを『入門（エイサゴーゲー）』という題で文書にした。それをボエティウスがラテン語に訳したとき、さらに普遍と個の関係を疑問として註解（『イサゴーゲー註解』）を書いたことで、普遍と個の対立問題が顕在化した。そのため、この問題を古代から受け継いだ中世は、種々の普遍（偶性的普遍、実体的普遍）をたばねて、一個の個物に収斂する「個別化の原理」を要請することになったのである。

だから個別化原理を研究する見地は普遍が実在するという見地を前提にしている。実在するのは「普遍」だと考えているからこそ、現存して目前にあらわれている個を説明する「個別化原理」が必要になるのである。近代は、実在するのは個物であり、普遍は概念でしかないという理解をもつので、「個別化原理」は過去の遺物といえる。

そういうわけで、近代では無用の長物となった「個別化原理」であるが、中世ではきわめて重要な原理であった。しかしこの原理には、被造物の個を説明するという性格があったので、トマスはここでもその被造物的性格を除去し、「個」の性格をあくまでも神の「ペルソナ」の性格として言表しなければならなかった。というのもトマスは、個別化の原理は質料にあると見ていたのだが、質料はいうまでもなく被造物にしかないからである。

トマスは、それゆえペルソナの「個」は「個別化原理」によって説明されるものではないと言う。では、何によって説明されるかというと、聖ヴィクトルのリカルドゥス（一一七三年没）によって用いられた「非共通性（incommunicabiltas）」によって説明されると言う。

「非共通性」に関連することばを並べれば、「他者と共通することが不可能」「同じものを他者と共有できない」「話を共有できない」「話が通じない」「他者と交換不可能」などがあげられよう。結果として、それは「孤立性」となる。

たとえば、わたしたちが使う「ことば」は、わたしたちのあいだで共通の概念をもつことで共有できる。わたしたちのあいだで共有できているだけ、そのことばが通じる。わたしの仕事能力が別の人の仕事能力と共通なだけ、わたしの労働は別の人の労働と交換できる。

それに対して、個は非共有だから、わたしの意志を示すわたしの印鑑は、わたし自身の意志のもとにだけ、他者の使用がゆるされる。わたしの仕事がわたし独自のものであるなら（たとえば芸術の創作を考えてもらいたい）、その仕事はわたし個人の名においてのみ述べられる。そして本質的に、どの個人の「わたし」も、他者と交換できない。たとえば、太郎は次郎であるとはいえない。太郎は太郎でしかない。完全に孤立している。

したがって「ことば」も「金銭」も、その共通性が行きとどく範囲においてのみ使うことができる。それらは個的でないからこそ使用可能であり、その範囲は、それがもつ共通性がおよぶ範囲に限られる。ことばもお金も特定の個人の独占物であれば、ことばとして、あるいは、お金としてはたらくことはできない。人間のあいだで共有されるからこそ、自由にやりとりされるのである。

反対に、「個人」や「独自性を認められた個物の特別性」は、共通性をもたないから、特定の名前だけで呼ばれる。太郎は太郎でしかない。同様に、神における「父」は「父」でしかない。「子」は「子」でしかない。「聖霊」は「聖霊」でしかない。「父」はけして「子」ではない。「子」はけして「父」ではない。他と代替できない。

これが「個」がもつ「非共通性」である。そしてそれは神のペルソナにおいて絶対的である。

12 スコトゥスにおける個と個別化原理

中世の哲学において、個と個別化原理について、最終的な考察を示したのはトマスの死後一世代を置いたドゥンス・スコトゥス（一三〇八没）であった。

スコトゥスにおいて、神のペルソナの「個」は、「共有不能」として絶対的に論じられている。それは相互に不通であるから、「究極の孤独」（ウルティマ・ソリトゥード）であるといわれる。そして神は、神全体としても、個々のペルソナとしても、外から限定を受けて「個」なのではなく、それ自体の本質が唯一であるゆえに「個」であると説明される。たとえばこの宇宙は唯一であり、それゆえに個別化されなくともひとつのものと考えられるように、神は唯一であると考えられたのである。もしも「宇宙」が普遍なら、その「宇宙」を「この宇宙」に個別化する原理を考えなければならない。

他方、被造物の個は、普遍が限定された個である。個であるために、共有不能であることは同じであるが、その共有不能は「個別化原理」による限定によって説明される。なぜなら被造物においては、すべてが何らかの限定を受けてはじめて「ある一定のもの」だからである。たとえばソクラテスは、人間という種に限定されて「人間である」。そして、「ソクラテスであること」に限定されて「ソクラテスである」。種への限定は形相により、個への限定は「個別化原理」による。

それゆえ、被造物の種的・類的普遍を個に収斂する原因（個別化原理）を見いださなければならない。スコトゥスは普遍実在論の立場に立っているので、まず普遍の実在が否定できないことを確かめてから、それを個別化する原理は、「存在（ある）」にあるのか、「分量」にあるのか、「質料」にあるのか、「形相」にあるのかなど、さまざまな検討を行っている。検討の末に、「いずれでもなく、それらを『この』に規定する何かが、その普遍を個体化している」と結論する。

しかし、その「この」に規定するものは何かと問うとき、困難に陥って、結局それは「不可知」であると判明する。なぜなら、その「何か」を説明する「ことば」は、「ことば」自身が共通なものであるから「普遍」という「共有可能なもの」とのみ対応している。それゆえ、「これ」でしかないものは「端的な個」であって「共有可能でない」「まったく普遍ではない」

のだから「ことば」にならない。そして「ことば（ロゴス）」にならないことは、理性（ロゴス）のはたらきのうちにはない。したがって理性は、それについて他者と理解をわかちあう共通の認識をもつことができない。

したがって、この「わたし」が他の誰とも異なる「わたし」であることを究極的に定める個別化原理は、それが「非共有である」ために、わたしの理性自身によっても不可知なのである。ソクラテスが「ソクラテスであること」は不可知である。「自分のことは自分が一番よく知っている」といわれることがあるが、それは自分の偶性的側面（感覚的にとらえられる側面）についてだけ言えることであって、実体について言われることではない。

人間理性にとって、自分の実体（何であるか）は他者の実体と同様に、けして認識できない。この実体とは「人格」のことである。したがって心理学によって人の性格を調べたとしても、それは人格そのものの認識ではなく、あくまでも人格という実体にともなっている偶性（たまたま他人、ないし他者との関係でその人に生じる性質）にすぎないと見なすことになる。

この人格の不可知性は、神が「何であるか」の不可知性、さらには神の三つのペルソナがそれぞれ「何であるか」の不可知性と等しい。どれも端的に「個」であって、人間理性には不可知な領域に属している。

13　直観認識の意味と二種類の理性のはたらき

スコトゥスは、個を認識する「直観」を理性に認めている。

スコトゥスのいう「直観」は、個別感覚器官の直感、たとえば「匂い」「見え」「聞こえ」「味わい」「感触」といったそれぞれの直接感覚があるとき、それを理性がじかに受けとることを指している。近代哲学ではこのふたつは、感覚器官における「感覚」と、理性における「知覚」という名辞で表される。

ちなみに、理性による直観と、感覚器官における直感の違いは、後者には「ことば」が生まれず、それゆえ、ことばにもとづく反省ないし自覚がないのに対して、それを受けとっている理性（ロゴス）の直観は、「ことば（ロゴス）」が生じるので、ことばにもとづく反省ないし自覚が生じる点にある。理性とは心のなかで「ことば」を使う能力、「ことば」を知ってその論理に従ってはたらく心の部分である。

したがって、ことばになるものだけが理性のはたらきの対象となる。人はことばを通じて、いま「自分が匂いを嗅いでいること」に気づく。あるいは、そのはたらきを自覚することができる。同様に、「自分が見ている」、「自分が聞いている」という自分の状態を反省的に知ることができる。これは直観の場面で理性（ことば）がはたらいている証拠である。

ただし、この直観認識は、対象の何であるかを認識することではない。すでに述べたように、直観が対象にしている「個」は、「何であるか」が不可知だからである。そのため理性の直観が認識するのは、感覚が直感したものが「在る」ということだけであり、理性にできることは、それをほかと区別できるように「名づける」ことによって、「何々が在る」と「ことば」にすることだけである。たとえば、人はどこかに（個人としての）ソクラテスを見るとき、「ソクラテスがいる」と「ことば」にすることができる。何かの個物が白い色であるのを見たなら、「白いものが在る」と言うことができる。しかし、言えることはその種のことだけである。

言うまでもなく、理性には「抽象」という能力がある。抽象されるものは共通のものだから、共通のたくさんの「ことば」にすることができる。たとえば「白は色の一種である」「ソクラテスは古代ギリシアの哲学者である」などである。

抽象されるものは、主語の意味のなかにすでに一般的に含まれているものである。つまり主語で指定されているものには、一般的に既知の事実が含まれており、「それが何であるか」は、さらに既成の抽象認識において追求される。そして「ことば」になった認識は、ことばの共通性によって、他者によって学ばれる。

したがって、さまざまなメディアを通じて周知されている知識は、すべて抽象的な知識である。本で学ぶこと、学校で学ぶこと、教えられて知ること、学問的知識、あらゆる既成の公共的知識は、抽象的認識である。たとえ特定の個人についての情報であっても、新聞記事などことばを通じて知るものは、すべて普遍的な認識である。

直接にその個を対象にして認識しなければ、個の直観はない。一方、抽象は、その対象が現前しなくなっても変わらない認識である。目の前にある個物が白い色をしていたとき、「これは白い」というのは、その白さを現前に見る直観認識であるが、対象が眼前から離れても、すなわち対象の現存から離れても、抽象認識は「何々は白い」ということばとともに、心のなかに成り立っている。

つまり直観があるとき、理性の抽象も同時にある。現前が失われれば直観は過去のものとなる。それはエピソード記憶（自分の体験的記憶）としては残るけれど、ことばに完全に置き換えられることはなく、「あのときの彼」とか、指示的なことばを用いて述べるしかなくなる。

同じ個物を知っている者どうしなら、「ほら、あのときの、あの」と言って、ある意味（ことばでそれを特別に指定することで）、「個」を他者に思い起こさせることができるが、それはあらかじめその個物自体の直接経験（知覚経験）が相手にある場合のみである。その場合は、自分と同じときに相手が知覚して記憶した具体的認識を、「あのとき」を指示することによって相手の心に呼び起こすことができるが、それは、「ことば」がそれだけで、その個物自体を他者の心に伝えたことを意味してはいない。

他方、一般化され抽象された認識は、その場にいない（いなかった）他者にも通じる認識であり、ことばとともに、一般的・共通的な仕方で、変化することなく他者の心に伝わり、心に残る。そして抽象認識は、ことばを通じていつでもどこでも他者と共有することができる。

この認識は、正確であることを追求して吟味されれば、学問知として成り立つ認識であり、「完全な認識」、「科学的知識」、「真理認識」となることができる認識である。

この二種類の理性のはたらきは、すでに古代のソクラテスにおいて区別されたのを見いだすことができる。ただしソクラテスは、スコトゥスの言う「直観」を、心が「気づく」こと、何かを「気づかう」こと、「配慮する」ことということばを使って述べていた。弟子のプラトンやその弟子のアリストテレスは、抽象認識における真理認識を重んじ、それだけを学的に追求したのであるが、ソクラテス自身は、抽象的な真理認識よりも、理性の直観のはたらきを通じて知られることを重視した。そして直観のはたらきが一般にないがしろにされていることをうらんでいた。

じっさい、ソクラテス哲学の主軸が「無知の自覚」であることは、よく知られている。ここで「自覚」というのは、自分の無知に「気づく」ことである。他方、「ソクラテスは無知の自覚を唱えた」という認識は、学校で学習される抽象認識であり、「概念認識」である。その認識は、自分が自分の無知にじっさいに気づくことではない。この「気づき」をもつことは、一般に自覚されないがために、軽視されがちである。しかしそれでもこのはたらきが理性のはたらきと見られるのは、経験的に、わたしたちは自分が出合った経験（個別の経験）に気づくとき、これを「ことば」にしようと試みるからである。

たとえば、人は何かの感興にとらわれたとき、詩や俳句をつくる。このときの行為は、実際の体験上の気づきを「ことば」にする試みである。句をひねることは感覚にはできない。なぜなら「ことば」をもつことは理性のはたらきだからである。いうまでもなく、個的経験を「ことば」にするのは容易なことではない。すでにのべたように、「それが在る」とは言えても、それ以上のことは理論的には不可能である。

ただし、実践的には、という可能性は残っている。概念認識とは別に、「気づく」ことで、人は自分の実際の行動を変えることができるからである。たとえば、そのときの他人のようすに気づくことで、人は、これまでとっていた行動を変えることができる。あるいは、自分の心を何かに「気づく」ように促すことができる。

しかし知識には、気づきを促す知識と自分がもつ気づく力に蓋をしてしまう知識がある。たとえば芭蕉の俳句「山路来て何やらゆかしすみれ草」の句の知識によって、ふと小さな草花のゆかしさに気づくこともあれば、すみれにしか気づくことができなくなるように、同じ知識でも自分の心を固めてしまって目前のものが見えなくなることもある。

ソクラテスは、「気づく」という理性のはたらきは、「気づかう」とか「配慮する」とか「留意する」といった理性のはたらきと同類のはたらきであると見ていた。じっさい他人のようすに気づくことは、他人を気づかうことである。気づかうことは、心を配ること、配慮することである。それはまたソクラテスによれば精神的愛であった。ソクラテスは自分の理性を自覚して、それを善美なものにするために、自分の心を気づかい、さまざまなことに配慮していたが、同時に、その気づかいが他者においてもなされるように、他者に対して同じことをするように、懸命に促していた。『弁明』のなかで次のように述べている。

わたしの信ずるところでは、諸君のために、この国都のなかで、神に対するわたしのこの奉仕以上に、大きな善は、未だ一つも行われたことがないのです。つまりわたしが、歩きまわって行っていることはといえば、ただ次のことだけなのだ。諸君のうちの若い人にも、年寄りの人にも、誰にでも、精神ができるだけすぐれたものになるように、随分気をつかわなければならないのであって、それよりも先、もしくは同程度にでも、身体や金銭のことを気にしてはならないと説くわけなのです。……わたしはすでに多年にわたって、自分自身のことは、一切かえりみることはせず、自分の家のこともかまわずにおいて、いつも諸君のことをしていたということ、それも私行のかたちで、あたかも父や兄のように、一人一人に接触して、精神を立派にすることに留意せよと説いて来たということは……

（田中美知太郎訳）

ソクラテスが行う個人的接触が個々のものへの「配慮」であり、「気づかい」であることは、引用文の内容から見て明らかだろう。この理性のはたらきは、個別のものであるがゆえに、ソクラテスは「私行のかたちで」実施するほかなかった。つまり誰に対してであろうと、自分の精神に配慮するように、年中、個々人に直接あたって促していたのである。言い換えると、大勢を相手の演説では、このような理性的配慮はできないと考えていたのである。

それゆえ、個人の「個」であるそのペルソナ（人格）の認識は、じつは概念認識によってではなく、その存在に「気づく」という理性のはたらきによって、はじめて果たされる。つまり実践的場面での気づかいの認識力が、個の認識に関しては必要になる。個別の具体的な個人の認識は、その現実の個人の存在にそのつど「気づく」という認識のほかにないのである。

その後プラトンがイデア論を論じたとき、ソクラテスの「気づき」を語ることばは哲学から失われ、概念認識のみが哲学研究の対象になった。こうして実際的場面で起る「気づき」は、理論ないし観想を第一とする哲学の表舞台から消えたのだ。

プラトンが主張したイデア論は、「ことば」の実体化であるといわれる。学知が用いることばが説得を通じて「実体化」する（感覚的個物から切り離される）と、日常世界で経験されているもろもろの個物、また個々の事象が、端的にそれと対比される（矛盾対立する）ものとして記述される。つまり一般庶民がふれる個々の事柄とはまったく異なる性格をもつ知識が、哲学的な上質の知識であると、プラトンによって考えられるようになった。

すると後につづく研究者は、現実に存在する多数の偶発的事情にわずらわされずに、対象を純粋なものとしてとらえて研究することに専念することができるようになった。そのために、個々のものが存在するという現実に背を向けて、ことばの意味の実体化を進んで受け入れるようになる。その結果を紙面の文字で読む読者も、そのほうが現実の世間的な面倒から離れて「真理らしさ」を味わうことができるために、哲学世界の実体化は一般に抵抗なく広く受けとめられてきたのである。

アカデミックであることは、世間的事情から離れて非世俗的であることであり、大学の塔に閉じこもることである。しかしプラトン哲学の伝統は、見方をかえれば、このようなどこの世界でも見られる人間の凡俗的な事情のもとに歴史を積み重ねている。それが中世で普遍論争のアポリアを生みだしたともいえる。

したがって、プラトン以後の哲学者の主張を理解するためには、哲学世界の共通の文法となった「実体化された普遍」(イデア)を既定のこととして理解しておかなければならない。

言うまでもなく日常的な個人の生活において生きている「ことば」が最初にもつのは、個についての直観(知覚)である。しかしプラトン以降の伝統哲学においては、その「気づくはたらき」は感覚的身体的なものと混同され、普遍知のみが「特殊な(超越的)世界」を精神世界のうちにつくっている。日本の例でいえば、自分の現実の人生について考えるよりも、源氏物語が語ってくれることばのなかの人生を考えるほうが、人生について「深く考え、味わうことができる」と思ってしまうようなものである。

源氏物語などの小説文学には「物語化された人生」がある。しかし、わたしたちひとりひとりにある現実の人生は、「いま、ここで、すごしている人生」である。どちらが本物の人生かといえば、明らかに後者である。

もちろん特別の才能をもつ人によって昇華された物語世界が教えてくれるものは、それはそれで別の意味がある。しかしわたしたちは具体的な現実と、「ことば」がつくりだす世界の違いに敏感にならなければならない。そうでないと、わたしたちは一面的に言語化された既成の世界のなかで真理の考究をもっぱらに行うことで、むしろ個と普遍の対立という哲学の生みだしたアポリアの迷路にはまる。

ソクラテスの言語世界では個と普遍の対立はない。ソクラテスの場合、「個に気づく」という地平が現実の地平として理解の基盤にあるので、抽象認識が現実からいくぶん離れていることが見えている。ソクラテスが当時社会常識となっていた「善美なことがら」の普遍知を大工や牛飼いといった身近な具体例を持ちだして議論したことはよく知られている。つまりソクラテスは、抽象知はつねに個別の現実に照らして吟味していなければ認識を誤ると考えていたのである。

しかしプラトン以降、個と普遍は明確に対立するのである。しかも神のペルソナは天上的な個である。神の本性という普遍とペルソナの個は同じ実在の地平で対立するほかない。「個」はもはや感覚世界のものとして片づけられなくなった。

14　本性と個とペルソナ

プラトンやアリストテレスの概念認識の形式に沿って、個であるペルソナと普遍である神の関係を検討すると、つぎのように複雑なことを言わなければならなくなる。

まず、三つのペルソナがひとつの神の普遍的本性に属しながら、ペルソナと神の本性は、端的に相違するものとして区別されてある（「個」と「普遍」の対立）。

つぎに、一方の他方に対する関係は、同等ではなく、一方向性をもつ関係である。たとえば、「父（のペルソナ）は神である」と必然的にいわれるが、「神が父である」とは必然的にはいわれない。なぜなら父が神であることは、子が神であることと同等だからである。すなわち神において、あるペルソナをとりあげたとき、それが父であるか子であるかは偶然的である。

とはいえ、これは神においてのみ起こることではない。ほかの本性でも起きる。「太郎は必然的に（本質的に）人間である」とは言えるが、「人間は必然的に太郎である」とは言えない。太郎が人間であるのと同じように、次郎も人間であるからである。すなわちその人間が太郎であるか次郎であるかは、いずれもありうること、いずれであるかは偶然的だからである。人間のある個体が太郎であるとは、人間のうちのあるひとつの個体がたまたま「偶然的に」太郎であっただけだと理解される。他方、太郎は必然的に人間である。同様に、父のペルソナは必然的に神である。

さらに、三つのペルソナの各々は、端的にたがいに矛盾するものとして区別される。「個」と別の「個」は対立している。父は子ではなく、子は父ではない。

人間でいえば、太郎と次郎は個と個の区別である。個と個は、どちらを主語としても端的に相互に区別される。すなわち双方向で端的に否定される。つまり個の一方は、他方の個ではない。だからこの区別は、普遍と個（特殊）の区別とは異なっている。

複数の種類の天使の本性が本性上で区別され、複数の天使のペルソナが、それぞれ個と個の関係で相互に端的に相違する。その下に、人間の本性に属する多数の個、多数のペルソナがある。太郎と次郎はどちらも人間であるが、太郎は次郎ではなく、次郎は太郎ではない。

宇宙の秩序としては、その下にさらに、動物、植物、非生物が、それぞれ本性上区別される多数の種としてある。これらにはペルソナ性（人格性）はないが、多数の個がそれぞれ異なる個としてある。それらはそれぞれの普遍的本性に属してある。

ここで注目しなければならないことは、「個」はさまざまな普遍的本性に属していること、視点を変えれば――つまり実在的に見れば――多数の個は、そのうちにさまざまな本性を含んでいることである。ある個は、人間本性を含むことで個人（人間本性に属する個）であり、別のある個は、スズメの本性を含んでいることで、一羽のスズメ（スズメの本性に属する個）である。

15　三位一体におけるペルソナ

さて、被造物に限れば、どの個も「それが属する本性」に対して、「個別化原理」のはたらきによって個別化されて成立していると説明できる。すなわち個はその内側に、それを種別化する本性とともに、個別化原理をポジティヴに含んでいる。

個と普遍は明確に区別されなければならない。したがって、普遍と個の違いを生ずる「個別化（数的な分割）原理」は、存在者を「種別化する本性」とは明確に区別される。

種別化する本性が生ずる区別は、本性と本性のあいだの〈実在的区別〉である。たとえば人間という種の内側でも、理性的本性と動物的本性を区別することができる。

他方、個別化する原理が個の内側に生ずる区別は、本性と個のあいだの〈形相的区別〉である。たとえば人間本性とソクラテスであることとの区別である。

個別化原理はまた、それぞれの本性のうちに個物（たとえば、ソクラテスという人間個人）を生ずるが、個物は数えることができるので、個物と個物のあいだの区別は〈数的区別〉である。神のペルソナも数えることができるし、人間のペルソナもひとりひとり別の理性として数えることができるので、数的に区別される。

ただし個別化原理は、個別化する本性なしにそれだけで独立して存在するとは言えないので、個別化原理どうしは異なっているとしても、数的に区別されるものではない。数えられるものは、相互に独立して存在しなければならない（なお、スコトゥスのいう有限と無限は、実在性の「様相の違い」であって、事物上ないし実在上の区別であるが、上記の区別とは別である）。

では、神はどうか。

神は、神の本性自体からして個である。つまり本性から数的に一である。神は、神以外のものによって個ではない。その意味で、神はひとつである。それゆえ神の本性は、個別化原理によって個なのではない。神の本性はあくまでも、「唯一である」ことによって「この神」である。神は、被造物が個であるのとは異なる意味で、本性それ自身からひとつの個なのである。

さらに、数的に一である三つのペルソナが別々にあっても、そのことによって唯一の神の本性は個別化しない。もし個別化するとしたら、三つのペルソナは、それぞれ本性を異にする別の神をつくりだすに違いないが、そうすると神はひとつではなく、三つであることになってしまう（異端説）。したがって三つのペルソナは、神の本性に属するが、すでに「個」である神の本性に属して、その本性をあらためて個別化する（分割する）ものではない。

こうして神のペルソナに関して、つぎのことが明らかになった。

第一に、ペルソナは個別化（究極分割）の原理ではない。

第二に、ペルソナは、すでにひとつの個であるもの（神の本性）のうちにある。それゆえ、神の事実から被造物を含めたペルソナ一般を理解するならば、人間の場合においても、ペルソナ自体は個別化の原理ではない。

ペルソナは、被造物におけるように個別化の原理によって成立した「個」か、神のように個別化なしに本性だけで成立する「個」を前提にして、そのうちに、絶対的な（孤立的な）理性的な個としてある。ここで絶対的というのは、他との関係なしに存在することを意味する。つまり絶対的に独立した個別の理性が「ペルソナ」なのである。

しかし、ここで思いだすべきは、ペルソナはあくまでも「理性的本性」のうちにある、ということである。

神と天使は、それ自体から理性的本性を現実化している。言い換えれば、生まれつき理性的である。しかし人間は、「ことば」を通じて「理性」を獲得していく動物であって、生まれたときから理性的なのではない。だから個人のペルソナは、個人があれば、それだけで「在る」と言えるものではない。

「個人」は人間本性に個別化原理がはたらけば成立する（したがって、誕生時からすでに個人ではある）。しかしペルソナは個別の理性であるから、そのようにして成立した個人が成長する過程で、「ことば」を通じて、あらためて存在するようになる。ヨーロッパ文化においては、「対話」の担い手となるために、自分の経験を「ことばにする」訓練を通して、ペルソナ（人格＝個別の理性）が成長し成立するのである。

くりかえすが、ペルソナはたんなる「個」で「在る」だけではなく、「理性的本性」をもたなければならない。個の内側で理性が実際にはたらくことによって、はじめて「在る」と言えるものである。生れたばかりの赤子に成熟した理性があることはない。理性は「ことば」によって育てられ、その存在自身がもっている、おのおのの自己同一性において一定程度に成熟することで、はじめて現実の個々の理性となるからである。

理性は個別化されたそれぞれの身体のうちで、他者の理性とは異なる理性として成立するとき、はじめて個別に存在するようになる。古代ギリシア以来の哲学的文化においては、個別の理性を養うのは一対一の対話であり、人は、社会的なテーマについて他者と議論を尽くしてこそ理性的な論理を具体的に学ぶことができる。その過程で養われるのがヨーロッパ的理性である。

もっともこの過程で、おのおのの理性が正しい理性として成長するか、間違った理性として成長するかは偶然的である。神学者スコトゥスによれば、これを「正しい理性」に導くのがキリスト教の教え（神の啓示）だということである。

16　ペルソナとは

このように、中世スコラ哲学の結論は、個と普遍の対立をまともに受けてじつに煩瑣である。

しかしまず、これまでのところを含めて基本を押さえておこう。
ペルソナは「理性をもつもの」の「個」のうちにある。神の三つのペルソナは、どれも「理性」をもっている。トマスによれば、「理性」こそが「優位性」ないし「尊厳性」の由来なのである。

言い換えると、「理性」は三つのペルソナに共通であり、その「尊厳性」の根拠でもある。そして「理性」をもつことは「ことば」をもつことである。したがって、父も子も聖霊も、それぞれ「真実のことば」＝「神の教え」を語る。じっさい聖書によると、父なる神は十戒その他を語り、子なる神は福音を語り、聖霊は使徒を通じて神の愛を語った。

他方、父と子と聖霊の三つのペルソナは、それぞれ異なる「個」である。それらは絶対的に「区別」される。言い換えると、父も子も聖霊も、それぞれのペルソナは「共有不能」である。父であることは、父にしかない。子であることは、子にしかない。聖霊であることは、聖霊にしかない。父は子であることはできないし、聖霊であることもできない。聖霊もまた、子であることはできないし、父であることはできない。子もまた、父であること、聖霊であること、いずれもありえない。人間でいえば、太郎は次郎ではないし、次郎は花子ではない。花子は太郎ではなく、次郎でもない。しかしだれもが人間である。

それに対し、「理性」は父にも子にも聖霊にもある。「理性」とは、「ことば」において「認識」をもつはたらきである。それはまた、「認識」にもとづいて「推理」して「判断」する力である。ただし神は事柄をなすのに時間を必要としないので、人間の理性のように時間をかけて推理することはない。認識も判断も瞬間的であり直観的である。つまり父も子も聖霊も、それぞれみずから直観的に認識し判断する力をもつ。それは三者に「共有可能」なものである。したがって、このような本性（理性的はたらき）は、神の「普遍的本性」である。そして同時に、神の理性よりはるかに劣るとしても、人間においても理性は、他者に通じる普遍的本性である。

一方、「個」の性格は、神のペルソナについても、天使についても、人間についても、物体についても、あらゆるものについていわれる。物体（非生物）を含め、すべての本性について、「個」という性格がある。それはまた、他から独立して存在しているかぎりでは、「実体」あるいは「自存する者」といわれる。それは何らかの主体性をもつ。たとえば個々の物体は、自存しているかぎりで主体的に存在している（他のものではないという拒絶性をもつ）。ただし、物体は生きていないので、生命的な主体性（主語的性格）はもたない。人間は理性をもつかぎりでは、生命的主体性とともに、理性的主体性（ひとりひとりが自分で判断して行動する）をもつ。これらのことは、すべて「個」という性格が、さまざまな本性に属することによって、本性から生じている性格である。

つまり「理性的本性」は、一部の存在者にのみ言えることである。「個」であることは、存在者全体に、普遍的にいわれる性格である。そして「個」と「普遍」は、少なくとも概念上

（論理的に）対立的に扱われる。「普遍」はその普遍に属する個々のものに共通であり、「個」は、ほかのいかなる個とも共通しない。つまり非共通的である。

17 個別の理性（ペルソナ）の認識

人権思想の基盤となった「ペルソナ」の概念が、中世スコラ哲学の議論のなかで、どのようなものとして成立したかを述べてきた。

すなわち、ペルソナとは、個別的な人間のなかで個別的に在る理性能力が、一個の理性として育ち、責任主体として成熟したものである。それは個別的であることにおいて他の個別的なものと端的に異なる。すなわち他者の理性とは異なる理性である。他方、理性能力として成熟する（必要な認識をもつ）ことによって、共通の認識（常識）をもつ理性であるかぎりでは、各自の理性は、共通な理性（一般理性）である。

理性は二種類の認識をもつ。ひとつは抽象によって得られる概念認識であり、ことばによって伝え、あるいは他者から学ぶことのできる認識である。もうひとつは直観（知覚）によって、いまここに生きる体験から得られる個々にユニークな認識である。それは気づきであり、気遣いであり、さまざまな配慮である。人はこの二種類の理性認識に即して、個々に意志（理性的欲求）をもつ。つまり自覚された（自分の行為として思いだすことができる）欲求をもつ。

すなわちペルソナは、理性による各自の主体的な行動の真偽・善悪を判断するなかで、自由な意志（欲求）をもつ。そして意志の場面で、共通な理性にしたがった意志は、共通な意志（一般意志）と呼ばれる。他方、理性の個別の気づきにしたがった意志は、個々の意志である。それゆえ、一般意志の観点から見れば、ペルソナの行動には社会から責任を求められ、犯罪は司法の対象となる。他方、個的意志の点では、各自はユニークなものである。

ペルソナがこのようなものだとすると、それは他者からどのように認識されるのだろうか。というのも、他者の人権を正しく尊重するためには、その人格（ペルソナ）を正しく認識しなければならないからである。

ところが、すでに述べたように、一般理性によるわたしたちの認識は、その場にいない第三者にも通じる「共通のことば」によるものだけである。その認識内容は概念認識であり、「共通的なもの」のみである。たとえ個別的な認識であっても、一般化を行う「ことば」によって、一般的な視点でのみ把握されたものとなる。

新聞やテレビの事件報道を考えてみたい。その事件を目の前で目撃した人の認識（直接的知覚）と、新聞記事から把握される事件の内容には、どうにも一致しない部分があるだろう。本来個別的なものは感覚を通した知性の直観（知覚）においてのみ受けとられるのであり、対象が現前するかぎりの直観的なものだから、その場にいあわせない人に伝える「ことば」はない。

現場で自分と同じ知覚経験をもった人間であれば、「ほら、あの事件」と言って記憶を喚起することはできるが、その具体的内容は「ことば」によって共有できているわけではない。自分自身も「あのときの犯人」といったことばで、個別の具体的な記憶をさぐることができるだけである。

さらにいえば、知覚経験が直観において現前するものをとらえたとしても、他者の感覚的偶性（表面的認識）に達するだけである。相手の個別的理性自体を直観することはできない。なぜなら、理性は霊的存在だからである。それ自体は肉眼にも映らず、耳にも聞こえず、匂いもしない。相手の理性の判断の結果として選択した行動を見て、相手の理性について推断することができるだけである。

推測でなく相手の理性を知るためには、相手の「ことば」に接しなければならない。「声」を聞いて、そのことばの意味を理解しなければならない。

さらに哲学の主張するところでは、理性は何よりも「論議することば」によって発現するのだから、相手と直接対話や議論をして、たがいに自分の意見で相手を説得しようと試み、たがいの存在を尊重しあえる理性を相手に見いだすことで、はじめて相手の理性に出合うことができる。そのことを通じて、たとえ不完全であっても、個別の理性であるペルソナが把握される。このとき人は、相手のことばを抽象概念のうちに理解するとともに、そういう「ことば」を発する相手の「個」を知覚しているからである。

もしも相手と使用言語が違っていてことばが通じないとか、手話でしか会話できないとか、同じ言語だけれど何らかの理由で会話に至らないときは、相手の「理性」に接することはできない。相手が多人数で、こちらがひとりであれば、一対一で対話することはできないだろうし、たんに相手と議論する時間がとれないこともあるだろう。

わたしたち人間は、対等の話しあいもせず、意見が違っているかどうかもわからない状態では、人権の基盤である相手のペルソナ（人格）に出会うことはできない。一般理性の概念認識を重視する立場では、相手がどういう人格をもつかの判断の前に、相手に人格があるかないかすら判断できない。

では、相手の人格を知覚できないとき、どうなるのであろうか。

18　人格の尊重（人権侵害の抑止）

アリストテレスの論理学には、「人間は白い」という文例がよく出てくる。何気なく読みすごすことが多いが、アリストテレス哲学は中世から教養人の必読書としてカトリック教会からも認められてきた権威である。この文例が、白くない人への偏見、黒い人や黄色い人に対する偏見を、ヨーロッパ文明のなかで助長した側面は否定できない。

また、プラトンの作品に出てくるソクラテスは、問答しようとしている相手に向かって、「ギリシア語ができるのか」と、あえて訊く場面をもっている。

問答には、共通の言語が必要であることは確かである。しかし、これはその場の議論の内容とは必然的関係のない問いかけである。にもかかわらず、プラトンがこのような場面を作品に入れていることによって、ギリシア語で考えるのでなければ哲学を理解する「理性」がないという偏見を助長していることは否定できない。

中世ヨーロッパにおいては、ギリシア哲学とキリスト教は思想の二大権威であり、この二大権威は対立することもあるが、相互に補完しあい、たがいに相手の権威を支えあって協力していた。それゆえギリシア哲学が生みだす思想的偏見は、社会に大きな影響を与えた。つまりキリスト教会が伝道を成功させていない地域の人々に対して理性的に対処しようとするとき、ヨーロッパ社会は、相手の人格をアリストテレスの哲学的規準で判断した。アリストテレスによって、社会的偏見の論理的な正当化を行うのである。すなわち問答のできない相手は、「姿は人間でも、中身は人間ではない」。

それゆえ、植民地支配を通じてその土地に住む「ことばが通じない人々」への人権無視の無謀な行動も、当時はとりたてて問題視されなかったといえる。たしかに植民地化された土地への積極的な伝道を通じて、一部の良心的反応があった。そして人道的な反省が起こり、ヨーロッパ中世にあった「ローマ帝国法」の精神（自然法の精神）に則って、「国際法」が近代に整えられたことは、少なからず進歩だった。

それでも現代において、人種的、民族的偏見が根絶されたわけではない。文明社会のなかでは真偽が確かめられない有象無象の「ことば」が、日々、人々を教育している。そしてこの過程のなかで、それぞれが「自分」「各自の理性」をつくり自己認識をしている。だから人々は、なかば無自覚に教えられたとおりの判断をして、「常識人」としての自分を誇りにしているわけである。しかし、ことばの通じる社会のなかでは、正しい見解も教えられるが、同時に偏見も教えられ共有されているのである。それは、ことばの通じない世界には伝わらない。

古代ギリシアのアテネの市井において、ソクラテスが人々に問答をしかけ、各自の知の吟味を迫った理由は、「ことば」がもつ「誤り」が、人々のおしゃべりを通じて社会一般に共有されていく危険に彼が気づいたからである。彼は懸命にそれをとめようとした。そして世間の反発をくらった。哲学の役割の根源がここにあることは、あらためて知っておかなければならない。

すでに述べたように、哲学者も偏見の種を植えてしまうことがある。しかし、その種をとり除くことも、哲学（知の吟味）によって可能なことなのである。

19　人格と自由

わたしたちは、トマス・アクィナスとドゥンス・スコトゥスの神学を通じて、中世スコラ哲学において成立した「ペルソナ」論を見てきたのだが、この問題に対処する道が、彼らの神学に用意されているかどうかも見ておかなければならない。「ことばが通じない」あるいは「議論できない」相手の人格を尊重する道はあるだろうか。

じつは、トマス・アクィナスには見あたらないが、ドゥンス・スコトゥスには、戦争捕虜を奴隷化する根拠はないという論がある。戦争は言語の違う国どうしで起こりがちだし、戦争をしている最中は「話しあい」はなされないから、戦時にペルソナが無視されるのは自然である。にもかかわらずスコトゥスが戦争捕虜の奴隷化（人権の否定）に反対したのは、いったいどんな根拠にもとづくのか。

もともと奴隷制を正当化していたのはアリストテレスである。奴隷は善でも立派なものでもありえないから、家畜同様、主人の道具とみなしてよい、と彼は主張した（アリストテレス『政治学』第一巻）。中世においてアリストテレスは哲学の一大権威であったから、これに対する反論はなかなか主張されなかった。

スコトゥスが持ちだすのは「自然法」である。神学上、自然法はいわば神の普遍的な法である。古代ローマ帝国は、キリスト教を国教とすることで最終的にキリスト教帝国となった。西ローマ帝国が滅びても、カトリック教会は思想上、「神聖ローマ帝国」を地上の神の国として堅持した。それゆえローマ帝国の法である「ローマ法」は、地上の「神の法」に近似のものとして、中世において神学者に吟味されつづけた。そしてローマ法のうちに認められる「自然法思想」は、もともとストア哲学に淵源するものではあるが、アリストテレスに対抗できる権威をもつことができたのである。

スコトゥスは、自然法によれば人間はだれでも「自由なもの」として生まれていると指摘し、アリストテレスに反して「人の自由を奪う奴隷化は悪である」と結論する。さらに彼は、自由の根拠は人がもつ意志と、神の正義にあると論じる。つまり理性的に自覚された欲求と、神に対する誠実さである。後者は正しい信仰と言い換えてもよい。正しい信仰とは、神に対して「まっすぐな心」を意味する。そしてこの信仰心は、神からその愛（霊的な愛）を受けとる。

つまりスコトゥス神学において「自由」とは、「欲するか欲しないか」あるいは「何を欲するか」という人間の意志能力がもつ選択的自由のみでなく、「信仰を通じて神（無限の善、正義、愛の根拠をもつもの）から正義の霊性を受けとること」も意味する。後者からは、「自由」が神の正義であることが結論される。それゆえ「自由」と「自由によって行為する個人」は、神学的に「正義」として主張されるのである。

ところでスコトゥスは、聖者フランシスコがつくった修道会（フランシスコ会）の修道士であった。聖者フランシスコは、「神の愛」の実践を説いてまわったことで知られる。したがってスコトゥスにとってはおそらく、自由は神の愛の実践そのものでなければならなかった。

こういう理由で奴隷化に反対するスコトゥスの論が先のペルソナ論と結びつくとき、どんな結論に至るだろうか。

ここであらためて注意しなければならないのは、スコトゥス神学に、「人権尊重」といった名前の論題はないことである。「人権」という名称は現代になって国際的に主張されるようになったもので、古代中世にはなかった。だから中世のスコトゥスが「人権」を論じるはずはない。

わたしたちがスコトゥス神学のうちに探ることができるのは、実質的に人権に関わるもの、あるいは後世の人権思想の種子となったであろうものだけである。スコトゥスの奴隷制反対論とペルソナ論との結合から近代の「人権」に関わる何が生まれてきたかの検討は、あくまでも現代のわたしたちの仕事なのである。

20 沈黙した人格の尊重

さて、ペルソナは個別的な理性であり、それを知覚するためには、「個人のことば」に接する必要がある。では、相手のことばを聞くことができない場面において、人権（人格の尊厳）はどのようにして守られるのか。

先述のとおり、スコトゥスは聖者フランシスコの精神伝統によって育てられた修道士であるから、彼の思想はキリスト教信仰の「愛」の教義を背景にして考えなければならない。ことばによる論議ができない相手でも、「神が創造したからこそ、それが在る」と考えて「神の意志（愛）にもとづく創造の業」を、人権を守る根拠と考える。

ソクラテスの理性の「気づき」について触れたが、「気づく」ことは「配慮する」ことであり、精神的な愛である。それはキリスト教においては「神の愛」である。世界の創造において示されている神の愛は、それが「存在すること」を、「求める」欲求（愛）ではなく、「受け入れる」愛である。神がそれ（たとえば、Ａ）を存在のうちに受け入れることが、神の愛によるそれ（Ａ）の創造なのである。

これはソクラテスが指摘した「気づき」、「存在に気づく」ことと一致する。「存在に気づく」人は、少なくともその時点で、「その存在を自分の理性のうちに受け入れている」からである。

ところで、美徳について論じるときは、模範として立派なひとの行動を見なければならない。美徳を身につけていない者が理想とすることや想像することは、美徳に反するからである。したがって多数の人々が美徳をもっていないならば、美徳について多数決で判断するのは間違っている。「みんながそうしているから」というのは理由にならず、むしろきわめて少数である立派な人物の行動から美徳の何たるかを考えなければならない。

フランシスコ会の修道士であったスコトゥスにとって、間違いなく美徳を身につけていた者は聖者フランシスコであった。

フランシスコが聖者であるといわれる理由は、多くを求めるのではなく、反対に、捨てることによって貧しい暮らし（無所有）を選び、周囲に「存在するもの」を「賛美する」生活をしたからである。聖者の「賛美」は「何かを求めること」「何かを所有したいという欲求」から生まれるのではなく、捨てることでぽっかり空いた自分の心が出会った対象を「そのまま受け入れる愛」なのである。求める欲望を捨てることによって、対象に対して正直（まっすぐ）になった心が生じ、そこに受け入れられた対象について、心のなかに「喜び」が生まれる。それが彼が見せた神の賛美である。

したがって人権は、まず個人が自由な存在として「受け入れられる」ことによって守られる。それが神の愛によって愛されることだからである。そして、もし対話を通じて個人の理性があらわになることがあれば、人格の尊厳は他者の目に明らかになる。人権はそういう仕方で尊重されるのである。

もう一度はっきりさせておきたいのは、個人の人格はまず純粋に個別的であって、共通的なものではないということである。したがって一般的な概念認識はできない。だから個人を「一般的な集団の一員」ないし「組織の一員」、つまりその人の「地位」でしか見ることができない人には、個人のペルソナは見えない。どこの会社の人間か、どういう地位にある人間か、男か、女かといった集団の一員としてしか人と相対することができない人は、相手の個と直接的に向きあうことができない。個に気づく（意識する、知覚する）ことができない。個人の人格は社会的地位によって代替されるものではないし、特定の集団や組織によって表されるものでもないからである。

そして心のうちで理性が相手の個と向きあうことができないなら、そのうちにあるはずのペルソナとも理性は向きあうことができない。相手の個のうちにあるペルソナの存在を、素直に自分の心に受け入れることもできない。

個と個が向かいあうのは「ことば」ではない。あくまでも現実の事態である。相手の個と理性で向きあわずに、「あるべき人間」（普遍的価値ある人間）について語るばかりの人は、したがって道徳を論じていても、個のうちにあるペルソナに気づくことがない。

別の言い方をすれば、ペルソナは個であることにおいて合理性（普遍的理性が把握する性格）から逸脱する性格をもっている。それゆえ普遍を論じることで理性を誇る人間は、むしろ現前する個の独自性、ペルソナの尊厳性に気づくことができない。それはことばによってその意義（内容）を語ることができない種類のものだからである。

この点から見ると、個々の学生を相手にすることが苦手で、理論に強いばかりに大勢を相手に講義するばかりの大学の先生は、本当の人権が理解できない可能性がある。また対話的議論で苦しんだ経験がなく、頭脳優秀で、学校での知識の学習に専念していた人にも理解できない可能性がある。とくに対話的経験が未熟な日本は、一般に人権を理解する基礎がきわめて薄いと言えるだろう。

ペルソナは理性をもつ「個」であるにもかかわらず、一般的な理性（知識の学習が知のすべてだと思いがちな理性）をもってしては把握できない。だから「個」のうちにある「人格」は、普遍的本性の概念がもつ本性上の差別なしに、それ自体を個々人が直接的に受けとらなければならない。それがなければ人権問題はわからないままになってしまう。

21 ペルソナと向きあう――「人権」を思うこととは

ヨーロッパ中世において、この問題を検討するうえで大きなヒントになったのは、イエス・キリストであった。キリスト教においてはキリストの再臨がつねに意識されていた。そしてキリストが再臨するとき、今度はどんな姿で現れるかわからない。ペルソナのなかのペルソナである神のペルソナ自体、感覚によってとらえられる姿からの抽象によっては知ることができないと意識されていた。

しかもイエス・キリストとは、神の「子」が、神の本性をもちつつ人間の本性を受けとって、人間身体のうちに現出したペルソナと考えられていた。神の本性とは宇宙万物の創造者（非被造物）の本性であり、人間の本性は被造物の本性である。いずれも存在者ではあるが、被造物と非被造物は最大限に対立する本性的存在者である。

ひとつのペルソナがこのふたつの本性を同時に備えていたことは、どう理解すればよいのか。これはキリスト教神学が教義を哲学的に合理化するためには、とてつもなく重要な課題であった。

しかしこの問題は大問題でありながら、ひとつの説に結論づけることが不可能だった。存在者の秩序としては当然、神の本性は人間の本性に先立つ（優先する）。しかしカトリックの教義としては、イエス・キリストにおいてふたつの本性は同時に受けとられていると見なければならない。本性の一方をキリストの第一の本性、他方をキリストの第二の本性と順序立てて見るのは異端的である。

とはいえ歴史的にいえば、古代から中世のはじめまでは、（暗黙的ながら事実上）キリストの第一の本性は神であった。しかし中世の盛期、聖者フランシスコの姿を介して、キリストの人間性が人々に意識されるようになった。これが人間性の復興（ルネサンス文化）の始まりといわれる。

ドゥンス・スコトゥスは、つぎのような方向で解決を図ろうとした。ペルソナは、それが属すると見られる本性的なものから、いったんまったく切り離して考えなければならない。ペルソナはペルソナとして、どんな他のものとも異なるものとして、いったん受けとられなければならない。そのあと、それが真に属する本性との関係を慎重に判断する。そういう理解の進め方が理性的（学的）だと考えた。

わたしたちの生活でいえば、どの会社の社員か、男か女か、役員か平社員か、国籍はどこか、地方出身か都会出身かといった、相手が帰属する集団から相手を見るのをやめ、まったくそれらから離れて、実際の場面で個人と相対するたびに、そのつど相手を純粋な一個の人格として受けとめることがまず必要となる。そのあとで、性や、年齢や、役目などについて、相手を正しく理解するように個々に吟味し、相手を帰属させるべき集団的性格ないし本性を、そのときどきにおいて合理的に判断して、人を見ていかなければならないというのである。

これが人権に対する最善の配慮になることは明白だと思われる。人権侵害になるような差別は、あらかじめ相手を特定の集団の一員にすぎないと判断（速断）することによって起きるからである。

男だから、子をもつ親だから、障害があるから、病人だから、韓国人だから、中国人だから、イスラム教徒だから、よくわからない宗教の信者だから——いわゆる偏見は、相手をまったくの「個」として受けとらず、はじめから何かの「一部」として受けとることによる。したがって、そうした集団性とか属性から離れて、相手を一個の「ほかのだれでもないもの」として受けとること、すなわちその存在を「受け入れる」ことができれば、相手に対して差別を起こさないたしかな認識となるに違いない。

22 信仰途上のとがめ

人権侵害に対しては一般に社会的非難が加えられる。この非難は、人権侵害の抑止にどの程度貢献するのだろうか。この点についても中世のスコラ哲学には見るべきものがある。

キリスト教において、信仰を守ることが信者の幸福となるのは自明だろう。宗教は人を幸福にするものでなければならないからである。

とはいえ、キリスト教の信仰を守ると誓った者でも、誘惑に負けてしまうことはある。死の恐怖や孤独の不安のために道をはずれてしまう者もいる。信仰の指導者はそれをとがめ、叱責しなければならない。

しかし、長上の者から加えられる叱責や非難は、どんな意味をもつのか。

叱責を受ければ悲しみや憤りが生ずるが、悲しみや憤りは幸福に反しているだろう。信仰を誓った人々のなかには、心の弱さによって信仰に反する「喜び」にのめりこんでしまう人もいるが、彼らも神によって「自由なもの」として造られている以上、その自由な行為を咎めるのは、彼らを不幸にし、自由を束縛することになるのではないか。

またカトリックは、ペラギウス派の異端を斥け、神は個人の功績に応じて恩恵を与えるのではない、という立場を守る。人がなすすべての功績は、むしろ教会を通して与えられる神の恩恵によるというのが、カトリック教会の信仰である。しかし信仰が勧める功績がすべて神からの恩恵によるのなら、そこに人間の叱責を挟みこむ必要はないに違いない。

アウグスティヌスはペラギウス派（功績主義）の人々とのあいだに起きた論争に関わるなかで、カトリック信仰の司牧者として、この神学的課題を煮つめていった。

当時の修道規則では、ルールに従わない人へのとがめは、ことばによる注意にとどまらず、鞭打ちも行われていた。しかしアウグスティヌスは、「とがめられた人に有効なとがめであるためには、神によってなされる必要がある」（「譴責と恩恵」六－九、『アウグスティヌス著作集第10巻ペラギウス派駁論集2』教文館、所収）と述べている。とがめ（譴責）は、信仰を固く守って忍耐する力のないものに、神が示す恩恵のひとつでなければならないというのである。

さらに「善のうちに身を保たず、善を捨てることでそこから落ち込まざるをえない悪に傾く者は、たしかに悪をなしている」（同上）と言うことによって、人間の意思の力による信仰の堅忍にはかぎりがあることを認めている。

信仰によって神の恩恵を受けているなら、神の恩恵に悪をなす力はないのだから、悪をなすことなどないはずである。ところが、信仰を誓ったカトリックの信者のなかに悪をなすものがいるのは事実である。それゆえに、神の恩恵とは別の力があることを認めざるをえない。つまり信仰は絶対善であるが、それを保持する意志の力は、個人によって相違することを認めざるをえない。

他方カトリック教会は、教会自身を通じて信者に神の恩恵が与えられることを約束している。神の恩恵は絶対的な力をもつはずだから、その力が与えられている個人の意志の力は、信仰の保持に充分耐えられるはずである。しかし現実には、個々人の意志の力に不足が生じる。その不足によって起きる悪に対して司牧者は信仰を指導する責任者として譴責を行うわけである。

司牧者の「譴責」によって、その不足を補う「恩恵」が与えられる、とアウグスティヌスは言おうとしている。教会における個々の「譴責」＝「恩恵」の論理である。

ところでアウグスティヌスは、死に至るまで信仰を守り抜く者だけが救われ、それが幸福に至る唯一確かな道であると主張する（同上）。「終わりに至るまで堅忍し終えるであろう者だけが救われるであろう」（「マタイによる福音書」10・22）。つまり信仰を守れば、神の国に至って永遠の生に定められる。それが信者に約束された幸福なのである。そして幸福は神の恩恵そのものである。したがってアウグスティヌスによれば、幸福は、（信仰という）「神の恩恵による個人の意志」によっている。

またアウグスティヌスによれば、信仰を守ることは善のうちにとどまることである。そして信仰を守る者は幸福を約束された者であるから、幸福とは善のうちにとどまることによるものである。

ソクラテスは、幸福を「よく生きること」だと言っているが、人が善のうちにとどまることは、まさによく生きることである。したがってアウグスティヌスとソクラテスの違いは、よく生きることによって天国に至り、人ははじめて幸福になる（アウグスティヌス）のか、よく生きること自体が人間の幸福（ソクラテス）なのか、という点にある。

23　恩恵と幸福

神の恩恵が、個々人によって異なっていることは、心の弱い人に対する「譴責」＝「恩恵」

においてすでに明らかである。信仰を誓った人に神の恩恵が与えられることは同じであるが、神の恩恵がひとりひとり異なるからこそ、信仰を守り切れる人と守り切れない人が生じる。

したがって人と人の違いは、与えられている個々の恩恵の違いである。カトリック信仰では、あらゆる「よきこと」は神の恩恵によるのだから、恩恵を受けている人のようすは、そのよき姿の違いにおいて、ひとりひとり異なっている。

つまりその人の幸福のようすが神の恩恵によるのは同じでも、神の恩恵がさまざまな仕方ではたらいているため、もたらされる幸福も人の目には多様に異なって見える。とがめを受けている人は、一般には恩恵を受けているようには見えないだろうが、とがめを受けているその姿は、神の恩恵を受けた「よきこと」だと解釈されるわけである。

人権について考察したとき見いだしたように、個々人の「存在」が世界のうちに創造されているという事態は、神がその「存在」を神の愛によって存在のうちに受け入れていることを意味している。そしてすでに述べたように、神の愛は何かを求める欲求ではない。神の愛とは、神が被造物に与える「恩恵」を指す。だから神の恩恵は、何かを求める欲求としてははたらかない。恩恵と幸福は、神にとっても人間にとっても「求めるべきもの」ではないのである。

神の恩恵がもし何かを求めてのものであれば、神にも不足があることになる。なぜなら、一般に不足があるから何かを求めるからである。神には不足がない。ゆえに、神は神自身であることのほかに求めるものはない。否、神は、神自身であるために何も求める必要はない。それゆえ神は、ただ神自身を、永遠に「わたしは在る」と受け入れているだけである。それゆえ神の愛、すなわち神の恩恵は、純粋にそれが「在ること」を受け入れる愛であり恩恵である。それゆえそれがもたらす幸福も、求める先にあるものではない。

神とは異なり、人には不足がある。それゆえ求めることがそれだけ多くある。人が求めるものは人に不足しているものであり、その充足はつねにその不足にとって代わるものである。それゆえ、その充足から得られるものは喜びや満足であっても幸福ではない。なぜならその充足は一時的であって、永遠ではないからである。

アウグスティヌスは別のところで、幸福はだれもが求めていると言っているが、いま明らかになったように、真の幸福（神がもたらす幸福）は求める先に得られるものではない。だれもが求めている幸福は、じつは偽りの幸福である。それは幸福と見えて、その実、不幸へと変化しつづけるものである。それに対して、神は不可変である。それゆえ神のもたらす恩恵は、不可変のものでなければならない。ゆえに真の幸福は求める先にあるものではなく、むしろ不可変の神の恩恵のもとにある。

こうして人間の真の幸福は、求める先にあるのでなく、神がもたらす恩恵を受けとることにあるのだとわかる。「求める」のではなく「受け取る」というのは、労苦して獲得しようとすることではなく、ただ自分が受けとっているものに「気づく」ことである。恩恵に気づく者が、恩恵を受けとる者なのである。

恩恵に気づく者は、その恩恵に恩を感じる。中世スコラ哲学では、神の愛は「恩寵の愛（amor gratuitus）」といわれる。つまり「グラティア」の愛である。「グラティア」は、「感謝」とも訳される。自分が恩を受けとっていることに気づく者は、かならず「感謝の念」をいだくからである。

また神の愛は、ラテン語で「カリタス（caritas）」といわれる。しかしこのラテン語は、ギリシア語の「カリス（χαρις）」の複数対格の形をとっている。そしてギリシア語の「カリス」は、恩恵と感謝の意味をもつ形容詞である。「美しい」という意味もある。ソクラテスが弁明の場で「カロス・カガトン」（善美な事柄）と述べたときの「カロス」は、その中性形である。したがってカリタスという神の愛は、美しい愛であり、それに気づいて、自分が恩恵を受けとっていることに気づき、感謝する思いにとらわれるとき、まさに言及されているものである。

24 愛と恩の双方向性

ところで中世スコラ哲学では、恩寵は神が被造物に賜るものであり、その恩に気づいて生まれる感謝や賛美は、いわば被造物から神へのお返し、恩返しと見ることができる。しかし与える恩と恩返しが同じ「神の愛」、「神の恩寵」という単語で示されるのはなぜか。

一般的に見て、恩を受けたことを知れば、恩返しの衝動を覚える。恩返しは、恩を感じる

（受けとる）ことから必然的に生ずる行為である。ところで、自分が恩を受けたとき（気づいたとき）にもつのは、「感謝」である。したがって、恩返しの衝動とは感謝である。

さて、すでに述べたところからわかるだろうが、理性のはたらきに二種類あったように、愛にも二種類の愛がある。ひとつは一般的に言われる愛であり、「求める愛」である。これは一方向であり、満足を求める愛である。それに対して個別の「存在を受け入れる愛」がある。これは、個々の「存在に気づく愛」である。たとえば、道端に生える花に気づく愛である。

理性の二種類のはたらきの説明からわかるように、この「気づき」は理性的なものである。したがって「存在を受け入れる愛」は、理性的な愛である。一方、「求める愛」は身体的・感覚的なものである。

ソクラテスは二種類の理性のはたらきと同様、この二種類の愛を区別していた。ひとつを「俗（パンデモス）の愛」と呼び、もうひとつを「天（ウーラノス）の愛」と呼んでいた。そして理性的な天の愛は、一方向の愛ではなく双方向になる。

ソクラテスは言う。

そういう愛を相互にもつものたちは、互いに喜びをもって相手を見るうえに、親しく話し、相互に信頼し合い、また、お互いに心配し合い、ものごとがうまく行ったときは、ともに喜び、災難が降りかかったときは、ともに悲しみ、一緒に健康でいられるあいだ、幸せに暮らすし、どちらかが病気になったときでも、さらにいっしょにいようとするし、彼らは、相手が自分の前にいないとき、目の前にいるときより、むしろ相手を思っている、というのが必然なのだ(3)。

その愛において「愛されるもの」は、その愛で今度は「愛するもの」になる。なぜならその愛は、相手の存在を受け入れる愛であり、相手の存在に気づき、相手の存在を気遣う愛だからである。

日本語では、この愛を「愛」と呼ぶ習慣がない。日本で「愛」といえば「愛執」であり、「求めてやまない愛」の意味で受けとられる。それゆえプラトン由来とされる「エロース」と「アガペー」も、「下からの愛」と「上からの愛」というように説明される。つまりどちらも一方向性の愛（求める愛）のなかの区別だと教えられる。しかし、これは間違った説明である。

それゆえ、ソクラテスによる天上的な「愛」は、読者には聞き馴れないものでしかない。キリスト教関係でしか、この愛が言及されることがないからである。

しかし、相手の存在に気づき受け入れているものは、その存在を気遣いはじめているから、すでに「愛している」と言うことができる。

この愛は、求める愛にありがちな「熱情性」がない。しかしそれでも「愛」という名をもつだけの意味をもっている。なぜならこの愛は、いわゆる恋愛に見られる「相手を求める愛」ではないが、本当に仲のよい夫婦のあいだに、あるいは友人どうしのあいだに、たがいを気遣うことで見いだされる「愛」だからである。人がこの「愛」を知らないのは、その人がこの「愛」に気づかないからにすぎない。

自分の存在を受け入れてもらえた相手は、それに気づけば、自分を受け入れてくれた相手の存在を受け入れるほかなくなる。それと同じく、この愛で愛されたものは必然的に、自分を愛してくれたものを愛する。すでに述べたように、相手から受けた恩を知るものは、必然的に相手に感謝するほかないからである。

この愛が双方向になるのは、中世スコラ哲学の教義において明らかである。「神は必然的に自分自身を愛する」と神学ではいわれる。神においては、愛する者が同時に愛される者である。したがって神において、愛することは愛されることと同一である。その理由は、この愛が「存在」を受け入れる愛だからである。神は、第一に、自分自身が「在る」ことを受け入れるほかない。それゆえ神は、みずからを「在りて在る者」と呼ぶ（出エジプト記3・14）。そして、第二に、神は自分以外のものの創造において、被造物を「存在に受け入れている」。神は被造物を創造しつつ、その結果を見て「良し」とされた（創世記1章）。したがって神の愛は、あらゆる被造物の「存在」において明らかである。被造物の存在はどれも、「存在を受け入れる」という神の愛、神の恩恵によって実現しているからである。それゆえ人間は、あらゆる被造物の「存在」に、神の恩恵・愛を受けとることができる。神の恩恵に気づくことができる。そして神の恩恵に気づく者は神を愛するほかなくなる。同じことであるが、神に感謝するほかなくなる。

聖者フランシスコはそのことに気づいたから、神への賛美を惜しまなかった。そこには不可変の幸福が約束されている。神の愛に満たされて生きることは幸福なことだからである。

それゆえ人権の保護は、その人自身の幸福の保護でもあることになる。人の存在に気づくこと、その存在を受け入れることが、神の愛であり天の愛であり、おたがいに幸福であることを保証する唯一の道だからである。したがって、ふだんの生活において人権侵害を冒さないためには、自分が受けとる恩に気づき、感謝してすごさなければならない。その気づきの力が十分に養われているなら、相手がどんな人間であれ、その存在に気づくことのできる人になれるだろうし、本当の意味で、人権を守るひとになるだろう。

また、幸福が「求める先」にあるのではないことは、恩恵が、受けとるものを与えるものに変えてしまうことにあらわれている。愛する者が愛される者となるように、幸福も恩恵（愛）も、与える者は与えられる者となる。すなわち堂々めぐりをするのである。

逆にいえば、不幸なものが懸命に自分の目だけを信じて幸福を「もとめる」とき、その人は不幸のなかを堂々めぐりするほかない。人はひとたび不幸になったら（＝神の愛に気づくことのできない人間になったら）、幸福のありかを見つける（気づく）ことができなくなる。肉眼には見えない幸福の国（天国）と不幸の国（地獄）は、この意味では絶対的に隔絶していて、どちらも永遠のものである。

それゆえ信仰の道を踏み外したものは、そのままだと信仰の道の外で堂々めぐりしつづけるほかなくなってしまう。彼らには道を変えるための「とがめ」が必要になる。しかしアウグスティヌスによれば、そのとがめは神の助けを得た「とがめ」でなければならない。すなわち、それは神の恩恵に「気づく」ことを効果的に促すものでなければならない。それだけが神の愛に戻る道だからである。神の愛に気づくことができれば、その人は幸福の世界（神の愛に満ちた世界）で堂々めぐりを始め、愛されていることに気づいて愛するほかなくなるという循環が、けして終わらないからである。

人権の侵害は、人の存在に対する「神の愛」の欠如から来るものである。それゆえ人権を侵害する者には非難が加えられる。しかしその非難が人権侵害を本当にやめさせるものであってほしいと願うならば、それは神の愛に「気づく機会」となるものでなければならない。人権を理解しない人を人権を理解する人にする手助けは、その人が神の愛に気づくことを促すほかないのである。この促しがなければ、人権侵害の非難自体が新たな人権侵害になりかねない。いじめやいたずらを懲戒すること自体が、ただのいじめやパワハラになりかねないように。

第2章　神の存在証明と国家の存在

1　中世における神の存在

神の代理人と言われる「教皇」は、司教のなかの最上位の司教である。ラテン語でポンティフェクス（司教）・マクシムス（最大の）という。もともとはローマ帝国で宗教を統括する官位「最高神祇官」であった。皇帝が兼務することが多かったが、とりあえず別の地位である。一方、「皇帝」は軍事指導者であると見られていたから、日本でそれにあたるのは「征夷大将軍」であろう。他方、日本の天皇と御所に仕える貴族たちは、国家の安泰のための儀式を執り行っていた。それはローマにおける神祇官（ポンティフェクス）、カトリック教会の司祭や教皇庁の役人の立場である。

どんな国家であろうと、目前の武力の脅しだけで国家を永く維持することはできない。納税や兵役その他の義務に人間が納得するのは国家に精神的な「権威」があるからである。武力という物理的な力は、そのときどきの現場にあるだけであって、いったん目前から離れれば力はなくなってしまう。その力が人々に対して持続的な力をたもつためには、「言うことをきかなければ、また必ずやってきて力をふるう」という脅しが信用されなければならない。この信用は支配者の精神的な権威なくしては成り立たない。さらに武力を担う個人が、生命の危険を超えて上位の支配者に仕えるという場合には、仕えることに納得できるだけの精神的な権威が支配者の側に必要である。とりわけ国のすみずみにまで情報網を築くことができなかった近代以前の国家においては、たとえ強大な武力をもつ王であっても、人々が信じる何らかの宗教的権威（神）が、国家への忠誠を人々に促す必要があった。

たとえ多神教であっても、通常は神々のあいだに上下関係が設定されて、ひとつの宗教という体裁をとっている。たとえばギリシアにおいては、ゼウスが主神である。ほかの神々がそれぞれに自分の領域をもつとしても、何らかの仕方でゼウスに対する敬意を示す。日本の八百万の神々のなかでは、天照大神がもっとも偉大な権威をもっている。それにもっとも近く仕える者が天皇なのだ。

日本の天皇（王のなかの大王）は、当初、武力を直接指揮する指導者であった。しかし宗教的権威のための儀式は特定の儀礼の場を必要とするので、ところかまわず出かけて武力をふるうわけにはいかない。そのため天皇はまもなく、軍事指揮者を現場に派遣する力をもつということで、宗教的権威と軍事的権威をあわせもつことになった。

カトリック教会は西ローマ帝国が滅びたあと、異民族の暮らす北西ヨーロッパ、アルプスを越えた森と湖のひろがる北の世界に伝道した。小麦を育てることもままならぬ厳しい冬が待ち受けていたが、東ローマ帝国にはギリシア正教があった以上、ローマから北西へ向かうしかなかった。

とはいえカトリック教会は、伝道者の献身的な努力によってケルトの人々の既存の宗教（ドルイド）との戦いに勝つことができた。他方、地上の民族移動の嵐によって支配者となったのは、武力しかもたない王ばかりであった。武力は抵抗を示す人々の目前で使いつづけ、見せつけつづけなければ統治の力にならない。したがって武力による統治は戦闘をくりかえすだけになる。平和な統治をもたらすには、やはり宗教的権威が必要である。それゆえカトリック教会はもっとも信用できる王を選んで、その王位に神の権威を与えた。それが「神聖ローマ帝国」である。

王たちはその後も領土をめぐって戦いをくりかえしたが、教会は神の権威を背景にしたローマ法と教会法によって武力による混乱を抑え、平和な統治を中世のヨーロッパにもたらした。これによって北西ヨーロッパは文明化し、文化を華ひらかせることができた。つまり北西ヨーロッパに安定した秩序をもたらしたのは、王たちによる武力ではなく、カトリック教会なのである。

しかしカトリック教会も神の権威を背景にしてはじめて権威をもつ。けっきょく「神」と呼ばれる権威が中世ヨーロッパに法にもとづく秩序をもたらしたのである。王たちの戦争（小競りあい）はつづいたが、それは少なくともおもてむきは欲望のままの戦いではなく、つねに何らかの理屈をつけた「正義の戦争」になった。

2　アンセルムスの神の存在証明

のちにカンタベリーの大司教となったアンセルムス（一一〇九年没）は、一一世紀末、教会のなかでは危険視されていた哲学の場に身を置いた。修道士仲間からの要請を受け、アウグスティヌスにならって[1]聖書の権威のない状態を前提にし、かつストア哲学にならって日常的なことばによってみずからの著作『プロスロギオン』において神の存在証明を提示した。

アンセルムスの神の存在証明とは、神を「それより大なるものが考えられえないもの」という日常的言語で定義して始まる有名な論証（ことばによる証明）である。アンセルムスは、この神の定義は日常的言語のみによる定義であるから、神の存在を認めない愚か者でも理解できると考えた。

さて、「考え」は、心のなかにとどまっているときと、心の外に実現しているときとでは異なっている。アンセルムスは画家が絵を構想しているときと、じっさいに絵を描きあげたときを例にして説明する。絵を構想しているときは絵のイメージ（考え）は心のなかにしかない。絵を描きあげたときには、絵は心のなかと心の外にある。つまり心のなかだけでなく、キャンバスの上にもあるわけだ。

前者と後者を比べたとき、後者は心のなかにも外にも「考え」があるのだから、前者の心のなかにしかない「考え」と比較すると、明らかに「より大である」。つまり心のなかか外か一方のみの存在より、両方の存在のほうが「より大」であるとアンセルムスは指摘する。

ところで、神の定義は「より大なるものが考えられない」ものである。すでに明らかなように、心のうちにのみある「考え」よりも、心のなかにも外にもある「考え」のほうが「より大」である。それゆえ「神」は心のなかにも外にもある「考え」（概念）であり、そう「考えるほかない」」とアンセルムスは結論する。

なぜなら、仮に「神」が心のなかにのみある「考え」（概念）であるなら、ただの「石」でさえも心のなかにも外にもあるのだから、「石」のほうが「神」よりも大ということになるだろう。しかしこれは、神は「それより大なるものが考えられえないものである」という定義と矛盾する。それゆえ「神」は、少なくとも「石」と同様に心のなかにも外にもある。しかも「神」は「より大なるものが考えられないもの」であるから、存在している「石」よりも大なる何かでなければならない。

そういうわけで、神は心のなかにも外にもあるのだから、石のみならず、そのほかの何よりも大なるものとして「存在する」（心の外にもある）、と結論される。

これがアンセルムスが示した「神の存在証明」である。

結局「神」が存在するといっても、「考え」（概念）が存在するにすぎないではないか、と思われるかもしれない。しかしアンセルムスの信仰にとっての神は、純粋に精神的存在であって、物体的存在ではない。純粋に精神的存在は純粋な概念（考えられるもの）でしかありえない。したがって神は本来、「考え」（理性概念）のなかの最大にして最高のものである。アンセルムスが証明したのは、それが心の外にも「在る」ということである。物ではないので、心の外のどの場所かは指定できない。

ところで読者は、「心の外にもある『考え』のほうが『より大』である」という主張を奇妙に思わないだろうか。というのも、「『考え』はそもそも心のなかにしかないではないか」という疑問がすぐに心に浮かぶからである。

それに対してアンセルムスは、「より大と考えられるもの」というときの「考え」には、「心の外のことも含まれる」と見なす。

たとえば画家は、心のなかで考えられているだけの絵を、心の外で描くことによって、心の外のものにする。このとき絵の概念内容は心の外のものでもある。だとすれば、心のなかの概念といえども、その実体は心の外に在りうる。つまりアンセルムスは、宇宙も、さらにその先にあるかもしれないものも、「考えられるもの」の範囲内にあると見なしているのである。そして「より大なもの」は、すでに述べた証明によって「在ると考えるほかない」とされている。「在ると考えるほかない」ということは、人間精神はそれを「在ると見なして」行動するほかないということ、そう考えて生きるほかないという生き方を現実にすることである。なぜなら「ほかの仕方では考えることができない」ということが「在ると考えるほかない」ということの意味だからである。

ヨーロッパの日常言語の意味としては、「より大」であるものは「より偉大な権威」をもつことを意味する。したがってアンセルムスの神の存在証明は、カトリック教会が必要としている「神の権威」の存在を、立派に証明しているのである。「神が存在しているとしか考えられない」ということは、人は、神の存在を背景とする教会の権威を認めて行動するほかない、ということを意味するからである。

3　法治国家と権威

「法治」の実現に必要な宗教的権威は、心がいだく忠誠心を納得させるものであればよい。武力のように目前で見せつける必要はない。逆にいえば、武力のように目前である必要がないから、目が届かない距離があっても、信じる力によって忠誠心は被支配者に対して効力を発揮する。

日本の天皇は儀式を通じた宗教的権威であると同時に、武力を派遣する力を背景とした権威でもあった。日本は数えきれないほどの山や谷をかかえる国土であったゆえに、中央の目が届きにくく、中央集権国家を支えるためには、両方の力をもつ絶対的権威が必要であった。

一方ヨーロッパは、武力をふるう王が別にいた。そのためカトリック教会としては、純粋に精神的存在である「神」（むしろ手の届かない、目も届かない非物理的存在）があればよかったのである。

とはいえヨーロッパにおいても、精神的存在に終始し、物理的な存在を見せない神は、現実に存在する「神」なのか、という疑問が生じなかったわけではない。「法治」といえども、法が侵されたときは「厳罰」という攻撃が物理的になされなくてはならない。厳罰がないと、いずれ「法」の権威も薄れて力を失ってしまう。この点でアンセルムスが証明した神の存在には不足があった。

4　トマス・アクィナスの神の存在証明

アンセルムスから一〇〇年後のヨーロッパは、アラビアを経由して知られるようになったアリストテレス哲学に湧き立った。一二世紀の末から、『自然学』や『形而上学』をはじめとするアリストテレスの著作がほぼ全作品そろって、しかもアラビアの天才哲学者アヴィセンナの註釈つきで、ヨーロッパに入ってきたのである。大学に集まる若い人たちはその知識に夢中になった。それから五〇年あまりのちには、アリストテレス哲学は完全に哲学の一大権威としてヨーロッパの若者たちの心のなかに君臨していた。もはや教会の力もアリストテレスの権威を大学から追いだすことはできなかった。

その時代（一三世紀なかごろ）に、トマス・アクィナスは五つの神の存在証明を提示した。言うまでもなく、アリストテレスの哲学を基盤にした証明であった。当時はそれなしには証明に説得力がなかったからである。アリストテレスは、なかでも「自然学」において圧倒的な権威であった。それは近代の物理学の元祖であり、物体運動の原因をさぐる科学であった。

トマスの五つの証明のうち第一の証明は、「物体の運動」にもとづく証明である。

アリストテレスによれば運動は、動いているものAがあって、動かされるものBがAによって動かされてあるという。Bが実際に動くものとなれば、今度はそれとは別のCがBによって動かされる。そして動かすものと動かされるものは直接接触しつつ区別できるものだと見た。つまり一方は現実態において動いているものであり、それが可能態において動くものを（現実態において）動かすことによって、運動があると説明したのである。

世の中のたいていのものは、ほかのものによって動くようになる（動くものとなる）。それが現実態において動くことで、つぎにまだ可能態にあるほかのものを、動かす。こうして運動は、玉突き運動のように伝わる、とアリストテレスは説明した。

しかし最初の動かすものは、他のものによって動かされるものではありえない。なぜなら、運動を原因に向かってさかのぼるなら、第一のものに至って終わるからである。それゆえアリストテレスは、宇宙の第一（最初の）動者はそれ自体が現実態において他の者を動かすものであって、それ自身は他のものによって動かされるものではないと言う。いわゆる「不動の動者」である。

とはいえアリストテレスは、第一動者は他のものを「突き動かす」ことで動かすとは考えなかった。むしろ「惹きつけて」（愛されて）動かすと説明した。

この世でもっとも高くあるのは天体であるが、夜の星空を見あげれば、北極星を中心にしてまわっているように見える。アリストテレスの頃、天空の事象について長年研究していたのはピュタゴラスの徒であった。アリストテレスは彼らにならい星々は透明な天球にそれぞれの位置を占めて天球ごとまわっていると説明し、地球を中心に、月、水星、金星、火星、木星、土星と、さらに恒星の天をふたつ加えて、九個の天を数えた。

しかし、それらは直接に接しているようには見えない。それゆえ他のものに突き動かされることによって動かされているとは言えない。そこで北極星あたりにあるものが、他の天球の霊魂から「愛されて」、つまり彼らを「引きつけて」、夜空にひろがる九つの天球を動かしていると見た。

彼は天体の運動にもとづいて、地上の存在にも運動があると考えた。この場合も天体と地上のもののあいだには直接の接触はないので、地上のものどうしのような突き動かされての運動ではない。たとえば植物が太陽の光に引きつけられて生長するように、やはり天体は地上のものを「引きつける」ことで、運動が天体から地上に伝えられると考えたと思われる。

それに対してトマス・アクィナスは、究極的な運動（第一動者が伝える運動）を「他を引きつける」運動であると見ない。トマスは突き動かす運動に必要な「直接的接触」を、ものの運動における絶対条件と見ていない。天体と地上の物体のあいだに見える距離は、現実態と可能態という形而上学的概念の対比によって乗り越えられると見た。

トマスはアリストテレスにしたがって、地上に見られる運動は「突き動かす」運動によって起きていると説明しつつ、今度はその運動を「現実態にあるものが可能態にあるものを動かす」運動に置き換えて、第一動者の運動に至るまで運動の連鎖を遡れると見なす。

現実態にあるものが可能態にあるものを動かす、と言い換えたとき、それは現実に目に見える運動のようすとは違ってくる。現実態と可能態は相対的な区別であって絶対的な区別ではない。つまり、あるものが「現実態にある」といわれるのは、「特定の観点から見れば」という話であって、「あらゆる観点から見てそうだ」というわけではない。アリストテレスにおいて、何が質料で何が形相かは相対的な区別であり、物のなかで区別される実在性がどちらが現実態にあって、どちらが可能態にあるかで決まるだけである。

目に見える「突き動かす」運動による説明を、目に見えない「現実態が可能態を動かす」運動の説明に置き換えたとき、トマスは「見えざる神が世界を動かしている」ことを説明できるように運動の説明を替えたのである。用語自体はアリストテレスの哲学からのものなので、いかにもアリストテレスに即しているように見せているが、実際には、彼はアリストテレスの説明から離れたのである。

しかも「現実態」というのはギリシア語で「エネルゲイア」、近代の「エネルギー」による説明である。位置エネルギーや万有引力による説明が近代であるならトマスは自然学を近代の物理学に一歩近づけたということができる。

トマスは、この「現実態が可能態を動かす」運動系列が地上の物体に至ると、現実態にあるものが可能態にあるものと直接に接して突き動かす運動になると考える。この運動系列における第一動者が、物理的存在を超えた「神」と呼ばれているものだと言う。

つまりトマスは、物が物を突き動かしている運動の延長上に現実態が可能態を動かす運動があると見なすことによって、形而上学的な神の存在に地上の物体どうしの運動を結びつけた。そしてこの運動の系列をさかのぼったときに、最終的に至る第一動者を「人々は神と呼んでいる」と言うのである。

アリストテレスはトマスより慎重であって、少なくとも物と物の運動の伝達が直接の接触なしに起こるかどうか怪しんでいた。だからこそ天体との関係では、「愛されて動かす」という精神的な運動因（目的因）を持ちだした。

トマスは当時の信者の日常的な印象と抵触しないように、物体どうしの運動を形而上学的原理（現実態と可能態）で説明することで、その説明を物体性抜きの説明へつなげている。トマスはこの飛躍を証明のうちで気づかれないように行っている。

さらにトマスは神の存在証明の最後に、「それを人々は神と呼んでいる」ということばをつけ加えている。つまり結論として第一動者が存在することが明らかで、それが人々から「神」と呼ばれているならば、それはまさしく人々が一般に「神」を「そういうもの」として考えているからだというのである。物体の運動をアリストテレスの説明にしたがって考えるならば、第一原因にまでさかのぼって「そういうもの」が存在していると「考えないと」、周囲に見える物理的運動が「説明できないではないか」、そういう説得をトマスはしているのである。

言い換えれば「神」は、周囲に見られる実際の物理的運動の背景にある精神的存在である。トマスの証明が描きだすのはそういう世界である。一般の人々はそんなふうに特別に考えて生活していたのではない。しかしトマスの神の存在証明は、人々に意識されていなかったものを「ことばで明らかにした」のである。

「神」はたしかに目に見えない精神的存在である。しかしトマスにおいて、それは愛されて（信じられて）はじめて他者を動かすことができる第一動者ではなく、愛されていなくても（信仰心が足りない人がいても）他者を突き動かす力で物理的運動を引き起こしている第一動者なのだ。

だとすれば、神はたんに大いなるものではない。神は積極的に地上の他者に対して物理的な力を行使する。精神的権威（目的因）であるだけでなく、不信心者に厳罰を与える物理的力（作用因）をも発揮する。それゆえ教会や国王は（神の命令に即して）犯罪者に厳罰を与える。そしてこれによってトマスは、アンセルムスの神の存在証明がもたなかったものを付け加えたのである。

5　一般意志にゆだねられる国家の権威

トマスの時代から四半世紀がすぎた一三世紀末ないし一四世紀のはじめ、ドゥンス・スコトゥスは「神」を「無限な存在者」と規定した。しかし「無限」とは本来、「無規定」を意味する。言い換えれば、もはや人間の「考えが及ばない者」であり、人々のもつ考えを「超えた者」である。

無限である神は、一方から見れば人の考えが及ばないほどの権威であるが、他方では、国家の権威を支える実力をもたないともいえる。一般の人々に「考えられない者」であれば、人々を支配する「脅威（権威）にはならない」からである。

じっさいスコトゥスによる神の規定が現れる一四世紀以降、ヨーロッパでは力を増した王の武力がカトリック教会の権威を打ち負かしはじめた。フランスの軍隊によって教皇が襲われ、フランス王によって教皇庁がアヴィニヨンに移され、さらにその後、教皇の権威は分裂した。ローマとアヴィニヨンにそれぞれの教皇が立ったのである（西方教会大分裂「シスマ」。のちにはピサにも教皇が立ち、三教皇の鼎立状態になった）。

こうしてヨーロッパはふたたび、武力頼みの平和が求められる時代に入った。一四世紀なかごろには、ジャンヌ・ダルクが生まれた百年戦争がイギリスとフランスのあいだで勃発する。とはいえ文明を経験した人間は武力頼みの平和のなかでいつまでも暮らすことはできない。しかしそうはいっても、ふたたび教会の権威に戻ることもできなかった。それゆえ近代の啓蒙主義の哲学者たちは、つかのまの平和のなかで、古代ギリシア・ローマにならって「民衆の権威」を「国家の権威」とするための説明を築いた。古代ギリシアでもローマでも、市民集会の結果が一定の力をもったからである。

しかし古代の都市国家と比べて国家の規模ははるかに大きく、領土もずっと広くなったために、全市民による集会は不可能である。それゆえ民衆の代表とされる少数の人間が議論して合意した「法」に「国家の権威」を与え、法治国家を実現する道が考えられた。神の権威による国家ではなく、「多数者の共通意志」が国家の権威をもち、人々に義務を課すのである。「みんなで決めた約束ごとだから、みんなで守らなければならない」という理解である。この考え方だと「みんなで決めれば、法（正義）を変えることも、また法（正義）である」から、国家の体制を変えることもまた民衆の自由ということになる。

こうして近代以降革命が起こり、国王による政治が終わり、民主政治が実現することにはなった。しかし古代の直接民主主義ではなく、間接民主主義である。個人の意志は直接反映されない。あまりに大勢の個人が関わっており、たがいに胸襟をひらいて直接話すことなどできないからである。

この状態で民衆の共通意志は、どのようにつくられるのだろうか。

結局誰かが「こう考えましょう」と言って政治をリードするしかなく、そのリーダーシップを社会的地位の高い人がとるか、政治組織がとるか、誰がとるかは別として、いずれにしろ「共通のことば」、概念認識による一般理性が一般的に形成され、それが民衆の「共通意志」であると一般に認められることによって正当化された国家の支配が生まれるわけである。

だが、そうなると、疑問がつぎつぎに湧いてくるだろう。民衆の代表が選挙によって選ばれるとして、そもそも民衆の「共通意志」は、選択肢の限定された投票行動によって「決められるもの」だろうか。民衆の「共通意志」は教会が教える信仰に対するたんなる忠誠ではないとか、政府が喧伝する政策への無自覚な同調ではないと「言える」ものだろうか。

何が言いたいかというと、民衆の「共通意志」とされる投票結果は、支配者側の喧伝の成功や、子どものころからの宗教教育による刷りこみではなく、本当に国家によって支配される民衆の共通意志と言えるのかという問題である。

さらに民衆の心が混乱しているとき、その共通意志は混乱していないのか。支配の情報が知られていないとき、民衆の心は理性的に働くことができるのか。そのときの投票結果は理性にもとづく本当の意志なのか。共通意志を築くための啓蒙がなされていない人々に、共通意志を求めて選挙が行われたとき、共通意志が投票結果に現れると言えるのか。

アリストテレス『政治学』に次のように言われている。

尊重される国民の徳は立派に支配することも支配されることも出来ることにあると思われている。……支配者と被支配者とは同一のものではなくて異なったものを学ばなくてはならぬと思われているのであり、また時には国民は両方のことを心得、両方のことに与からなければならぬと思われている……。（第三巻第四章、山本光雄訳）

アリストテレスは民主国家においては、支配する側と支配される側の人間が学び身につけるべき徳ないし知識は異なっていることを指摘している。

数十年か前のことであるが、新聞に次のような記事が載っていた。ヨーロッパで開催された会合で「ガバナビリティ」が問題になったとき日本から出席していた官僚と意思疎通ができなくなったことが伝えられていた。「ガバナビリティ」といえば、「支配を受ける側の能力」を意味して、支配する側の能力とは区別される。おそらく日本の官僚はアリストテレスに由来するこの種の知識を持たなかったのだろう。しかしヨーロッパでは、このふたつの違いは古くから問題なのである。

すでに説明したとおり、中世の神の存在証明は、国家を維持する権威を生みだす神のためであった。神の権威が人々の意志を導き、神の権威は教会が代理をしていた。それが中世までのヨーロッパの国家だったのである。

それに対して近代では、国家の権威は民衆による「選択」による。しかし神の代わりに民衆が担ぎだされても、民衆は神に代わって最善を選ぶことができるかどうか、実はあやしい。民衆が十分に良識をもっていなければ、民衆によって権威が与えられる国政は、やはり良識のないものになってしまうだろうし、もともと民衆は、目先の利益や不安や恐怖そのほかのものによってたやすく迷い、操られてしまう存在である。プラトンにおいては国家は国民の一人ひとりが正しく生きることができるためのものであった。しかし、民衆の利益が商工業による利益に代表されるなら、国家の存在意義はもはや社会正義のためとは言えないだろう。

国家の権威のために神の存在証明が必要だった中世が終わり、民衆が権威となった近代国家が起こったにしても、民主政治の根拠には数々の疑問が浮かびあがって来る。

6 普遍論争と神・国家の存在

中世には「普遍の実在」に関する論争（普遍論争）があった。この論争は歴史のひとこまに終わらせることができない意味をもっている。

ペルソナという個に対して「神」が「普遍的本性」であることが、中世における普遍論争を他の時代とは比較にならないほど重要なものにした。なぜならその「神」が、国家の権威を裏で支えていたからである。もし「普遍」の全てに客観的実在の可能性がないのであれば、「普遍」のひとつである「神」の存在証明は無意味になる。そして中世では神の存在証明が無意味になれば、国家の存在を精神的に支えている宗教性（国民が国家に従うための信頼性）は失われてしまう。

ヨーロッパでは近代に至って、神頼みをやめて「民衆」を国家の「権威」のよりどころとした。それが選挙にもとづく近代国家である。哲学的にいえば、個々の存在しか実在と認めない唯名論の立場が近代の立場ということになる。

そうであれば、かつては教会の問題であった神の存在問題と同じ問題が、近代国家においても問題になる。すなわち教会の権威が個々人の信仰によって立つものであれば、神の存在は周囲の個々の物体的なものから理論的に証明できるものではなく、信者個人の意志にもとづいて存在する「普遍」にすぎないだろう。同様に近代国家の存在は、それ自体が現実なのではなく、国民の意志にもとづいてはじめて存在できる「普遍」のたぐいとなる。「神」と同様に「国家」も普遍であり、民衆の各人が普遍的に（共通的に）考えることができるものとして、はじめて

「国家」は存在する。

「国家」が国土という目に見える基盤をもつとしても、その境界は（山河や海など自然の要素が影響することはあっても）自然の産物ではない。国境は人間が引いたものであり、人間の意志にもとづくものである。その意思は当該国家の国民の意志、あるいは、国境を接する複数の国家の国民の意志がかかわっている。国民とは多数の個人である。したがってどの「国家」も、多数の個人の意志がかかわる「普遍」として構成されて存在する。それゆえ「神」について起こった疑問は、「国家」についても起こる。

それは学問が主題にしている「普遍」についての疑問である。近代の自然科学が扱う自然物体の場合は個人の意志の反映と見なさずに個別の事例を多数集めればよい。しかし国家は個人の意志――それはペルソナの意志である――の反映でなければならない。

つまり近代国家の正当性――すなわち権威性――は、個々人の意志を必要数集めることによってしか可能ではない。では個人は、はたしてどれだけ理性的に意志を示すことができるのか。それは近代の啓蒙（国民一般の理性の育成）がどれだけ成功したか、ということと関わってくるのである。

近代科学においては、対象範囲の個々の物をつねにくりかえし吟味（調査）することができる。それによって知識（普遍的主語についての見識）は、より厳密な正確性を確定することができる。それが近代科学の進歩である。しかし短い一生をくりかえすのが現実の人間である。個人の理性は、幼稚な段階から再度、同じ歩みをもたなければならない。人間は科学と同じように進歩することはできない。科学は前世代の科学者から引き継がれることによって、前世代が到達した地点から出発することができるからである。

本来的にいえば、ソクラテスの問答が理性の吟味の方法である。しかしそれは、ソクラテスのように、さまざまな問題についてきわめて柔軟に対応できる頭脳と、正当性や客観性をそのつど見きわめる知恵がなければできない。古代ギリシアにきわめて稀有な仕方で存在したソクラテスのような人材を、国民の理性を啓蒙する教育のために必要な数だけ確保できる国家があるとは思えない。

しかもわたしたちは前章で、個人の人格の認識は理性の一般的な把握範囲を超えていることを確認した。理性は個人の人格に、対象の一般的理解の場で出合うことはできない。現実の議論の（理性が対峙する）場で、相手の個別的理性にはじめて「出会う」ことができる。初対面の人間を前にして、あらかじめ知っている概念を心のなかであてはめることで個人の人格に出会うのではない。理性を示すことばを相互に直接に交わす緊張した具体的場面において、理性ははじめて個人の人格を実体として認識することができるのである。

7　国家は正義の根拠をもつか

プラトンの『国家』篇には、「正義について」という副題がつけられている。国家の構成とその運営は「正義」を根拠にしてなされるからである。周知のように国家は、法律によって構成されるとき、国際的にも認められる国家として成り立つ。法律を立てることは、合理的に（理性に即して）正義の柱を立てることである。法律の文言（＝ことば）によって、国家がどのように構成され運営されるとき正しく構成され運営されていると言えるか、それが公共的に明らかにされる。なされるべき手続きや、やってはならないことなどが明文化され、違反があればば国民のだれもがそれを非難することができる。法律は、国家の構成と運営が公正に――つまり正義を守ってなされるように――命じる「ことば」である。

つまり国家は、何らかの理性、すなわち法の「ことば」によって正義のありようを示され、それに基づいて存在するものである。ところで法律は国によってまちまちである。それは国制の違いと言われ、国家の動きの違いとなって現れる。国制の違いは国家の文化の違いだからである。じっさい法律のありようやその解釈によって国家の姿はさまざまであり、それによって国民は教育される。そのときどきのその国の文化において善きことが促され、悪しきことが抑制される。

アリストテレスは『政治学』で言っている。

国民の徳が国制に関係するのは必然である。従って、もし国制の種類が多くあるなら、立派な国民の完全な徳はひとつではありえない。（第三巻第四章、山本光雄訳）

勇気ある「正義の人」と言っても、ある国では戦場で雄々しく戦った人がそう言われ、ある国では国家権力に抗して平和のために戦った人が言われるだろう。しかしどちらの場合であれ、正義は国家の根拠である。

ところで、すでに明らかにされたように、国家は神と同様に個人の意志にもとづいてはじめて存在する「普遍」である。それゆえ、国民に対してつねに正義を示さなければならない。言い換えれば、国民個人の意志によって国家は存在するゆえに、国家は存在するために、個人に対して国家が正義であることを日々証明していかなければならない。たとえば裁判は国家権力のもとになされ、行政手続きも法律に則ってなされることが基本である。これは神の存在が信者の信仰心、すなわち「神は正義である」という信頼を前提にして、はじめて信者に対して存在するのと同じである。国家の存在も国民の忠誠心や信頼という意志を前提にして、はじめて国民に対して存在することができる。

一方、商業経済の発達した現代においては、国家が国民から受けとる信頼の根拠として、生活上のサービスの提供が加わった。国力の源泉は経済であるといわれるくらいで、すでに総力戦を経験した現代では、戦争に勝つための武力とは結局のところ、武器・食料の生産能力や輸送能力、戦費の調達能力など経済力と不可分なのである。大ざっぱにいえば、国家は武力によって経済を守り、(兵の数も含む) 武力の増強のために経済を発展させる。もちろん経済の発展が国民の福祉 (生活水準の向上) に貢献するという側面もある。

しかしながら国力の大きさが現代における国家の存在根拠ではあってはならない。平和的な国家の存在は、正義であることによって支持されなければならない。それがヨーロッパの理性の論理である。それは個人が正しい人であるかぎり人々に受け入れられ、不正義であれば拒絶されるのと同じである。個人の経済力の差——つまり金持ちか貧乏か——は、個人の力量、あるいは出生を含む運の違いである。一方、善い人か悪い人かは正義の問題である。国家もまた正義であるから受け入れられる。裕福か貧乏かは二義的な問題でなければならない。

しかし国家はどこまで正義を主張できるのか。

中世においても哲学者のあいだで神の正義は問題になっていた。つまり神の正義は疑われていた。というのも、全知全能の神は悪人の悪行を見ており知っているはずである。しかし悪人は必ずしも神罰を受けているようには見えない。それゆえ神学において神による「悪の見すごし」が問題になっていた。そして神の正義にとりこぼしが疑われていたのなら、国家の正義にもとりこぼしが疑われるのは当然であろう。

ただし国家は人間の共同体であるから、能力的にさまざまな欠陥があるのはあたりまえである。その点で全知全能にして完全な善である神が悪を見逃すという「論理的矛盾」とは異なる。したがって、神と同様の問題が国家にも言えるかということになる。

8　国家の交戦権

問題になりそうなのは国家の交戦権である。国家は一般的に法律で「殺人」や「暴行」を違法と定めている。ところが戦時においては、国民が行う殺人や暴行を許容し、義務化する。もちろん悪を見すごす神について神学がさまざまな擁護を行っているように、戦場での殺人や暴行についても正当防衛など法理による正当化が主張されるが、論理的矛盾は明らかだろう。

じっさい戦争で暴行や殺人を命じられ実行した人間は、おもてむきは国家的英雄になるかもしれないが、殺した本人にとっては平和時の殺人と同じであり、その後さまざまな心的障害が起きることはめずらしくない。殺人や暴行が日常の戦場に慣れてしまうと、平和な社会に戻ってきたとき順応できなくなって、トラブルメーカーになったり犯罪者になることもしばしばある。それは、いわば人間の心に神から厳しい「不正義」の烙印が捺された結果だとも見られる。

すでに述べたとおり、キリスト教会は中世の終わりに神の存在を哲学的（理性的）に証明することができなくなった。それはキリスト教神学が国家の存在を国民の理性に対して証明できなくなったことも意味していた。キリスト教会は「神聖ローマ帝国」という国家を支持基盤とすることによって教会の存在を確かなものにしていた。ところが、神の存在が哲学的に証明できなくなると、キリスト教会は自分たちの地上における存在意義を国家権力にたのむことができなくなった。すなわち国家が必ずしも正義ではないことを認めざるをえなくなった。

しかし、そのためにかえってキリスト教は、個人の正義の守り神となりうることになった。つまり個人の信仰に寄り頼むことによって、国家の戦争に反対し、兵役義務の拒否を正当化するうしろ盾になることができるようになった。

もちろんキリスト教徒のなかには、このような中世期の哲学の成果を認めることができない（ないし、知らない）人々も大勢存在する。そういう人々にとっては信仰を守ることは教会を守ることであり、教会を守ることは国家を守ることである。国家の正義が信仰の正義となる。国家が存続のために戦争を必要とするならば、殺人も罪ではなく正義であると信じて疑わない。日本の戦前の国家神道にもそのような考えがあったであろうし、イスラム教にも同じような考えがあるかもしれない。

しかしドゥンス・スコトゥスは、神の存在は個々の信者の普遍的な信仰心にもとづくものであることを証明した。それは国家の存在についてもいえる。国家も国民の信仰（国家は正義であると国民が信じる）にもとづいてある。したがって国家の存在よりも、国民個人の信仰のほうが論理的に先なのである。そして国家の存在意義は、個人の正義に見合うときにのみ理性的に支持される。言い換えれば、個人の正義と矛盾するとき、国家の存在は国民の信仰（信頼）を失って無に帰する。

ところが、国家の戦争は、理性的（哲学的）には説明できないものである。

後述することになるが、わたしの見立てでは、ソクラテスは国民がもつべき徳としての「正義」は知ることができないという意見をもっていた。知識であるためには必然的普遍的に真でなければならない。ところが国家が戦争をはじめたとき殺人が正義になるから、殺人が犯罪であることが一定の知識として成り立たない。ところで「国民」ないし「市民」というのは、政治に参加する個人のことである。したがって「市民がもつべき正義」とは、国家が正義として存在する根拠となる「徳」である。それが一定の知識として成り立たないのであるから、市民としての徳には知識はないと結論できる。

しかし理性的に説明できないものは、「普遍的な存在意義」（正義を守る力）をもたない。中世において、哲学（理性）によって存在を認められた普遍としての神と、それを背景とした国家は、近代に至って、とりあえず民衆の意志（受け入れ）によって担保された。しかし、ソクラテスの哲学によれば「それも偽りではないのか」という結論が待っているのである。

インタールード1

麻原彰晃を見た日

二〇一八年の初夏、この本の原稿を書きだす直前、ショッキングなことがあった。オウム真理教事件の被告人七名の死刑が決まり、ほどなくして執行されたのである。そのあと、残り六名の死刑が立てつづけに執行された。なぜこの事件が起きたのか、その背景については長期の裁判を通じて多くのことが明らかになったという。だが、わたしには最大の謎が明らかになったとは思えなかった。

わたしを含む一般の人がわからないのは、学歴も高く、見た感じもまじめで誠実そうな人が、どうして容貌もぱっとしない、いや、むしろむさくるしく、あえていえば醜くさえ見える、学問的にも高度な教育を受けたとはとてもいえない人間に魅了され、絶対服従することになったのかということであろう。そのなかには東京大学の大学院で学び、研究職にも就いていたなど、頭のよさではいわば「雲上人」すらいたのである。

じつは、この目で麻原彰晃を見たことがある。好奇心いっぱいの友人が、ただで入場券を手に入れたというので、いささか強引に誘われるままに、オウム真理教が近所でひらいたコンサートを聴きに行ったのである。区立のコンサートホールであった。観客席はうしろへ階段状にせりあがっていて、三〇〇人ほどが収容できる。

ホールのなかは白い衣に身をつつんだ若い信者たちでいっぱいだった。ほとんどは男性で、少し息が詰まりそうな、圧しつけてくるような空気の重さがあった。

信者たちがかなりの席を埋めていたけれど、わたしたちのような一般来場者を見ると遠慮して椅子を空けてくれた。何人かは脇の階段状の通路に座りこんだ。どの若者の顔も一様にやさしげだった。新興宗教にありがちな勧誘もないので、とりあえずここにいても大丈夫だと思った。とはいえ白い衣だらけの会場は、ふだん見るコンサート会場とは違った異様な雰囲気を醸しだしているのはたしかだった。

わたしの友人はいかにもおもしろげに目をぎょろつかせてあたりを見まわし、それからコンサートがはじまるまで、好奇心の赴くままに会場のあちこちを動いて見てまわっていた。友人が席に戻ってくるころになると、椅子席も階段部分も、ほぼ隙間なく白い衣で埋まっていた。わたしたちのような普通の服装はまばらにいるだけだった。

まもなくコンサートがはじまった。麻原彰晃がやはり白い衣をまとって、どうやら奥さんらしい人に手を引かれて舞台にあらわれた。彼が簡単なあいさつをしたあと（何を言っているのか、よく聞きとれなかった）、他の演奏者がピアノといくつかの弦楽器を使った音楽を演奏した。現代音楽の作曲家である友人は「悪くない、なかなかいいくらいだ」と評した。麻原彰晃自身の作曲による作品だったらしいが、たしかに耳ざわりなものではなく、心をなでるような曲調だった。

しかし、だからといって特別なものとも思えないその音楽を、白い衣に身をつつんだ若者たちが通路まで埋めつくして座りこみ、真剣な表情で聴き入っている姿に、わたしはひどく驚かされた。白い頭巾を頭からかぶり、顔を下に向け、耳だけを外に押しだすようにして神経を張りつめているのだった。その表情は何かに悩む若者特有の表情だった。それがあちらにもこちらにもあった。

じつをいうと顔が見えていたのは数人で、ほとんどの者は白い頭巾で完全に顔を隠しているか、うしろ姿しか見えなかった。しかし頭巾のなかの顔や後頭部の向こう側の顔が、みな同じ表情をしているのは間違いなかった。麻原彰晃の音楽に真剣に救いをもとめていた。

生きていてもむなしいだけだ。生きている現実感がない。わたしも高校生のころからそんな悩みをもっていた。彼らの思いはよくわかるような気がした。わたしは大いに彼らに同情を寄せた。

とはいえ、わたしはその悩みを自分にとって解決しがいのある課題くらいに思っていたので、解決を他の人間に頼る彼らの気持ちはわからなかった。わたしがこの目で見た麻原彰晃のようすからしても、オウム真理教に救いの道が用意されているとは思えなかった。さきほど流れた音楽のように、若者たちの悩みをやさしげに手でなでて、救いの幻想をいだかせているだけに思えた。

わたし自身は当時、その悩みから脱しはじめていた。けれど、解決の道を論理的に明らかにするまでにはさらに長い時間がかかったので、そのとき彼らにかけることばはもっていなかった。

同じころ、ラジオで麻原彰晃の議論を聞いたことがあった。一般常識をみごとにくつがえすその論法に、わたしは思わず唸った。哲学問答というべきか禅問答というべきかわからないが、西洋流の哲学を学んでいたわたしには、とてもうまい言いかたに思われた。自分がその場にいたとしても、彼に対抗する議論ができたかどうか怪しかった。頭脳優秀な人間であっても、哲学や宗教に不慣れな人だったら簡単に負けてしまうと思えた。

ところで、ヨーロッパの中世の大学では、もし討論に負けたら教授であっても持論を捨てなければならないことになっていた。つまり議論に負けたら、優秀な頭脳をもつ権威者であっても相手に従わなければならない。それはある意味、論理的必然なのである。

議論に負けたくらいで相手に服従するなんて考えられない、という人もいるだろう。だが、そういう人は、哲学の論争がもつ厳しさをまったく知らないのだ。

哲学の論争テーマは人生がかかっていることがらである。そこで相手に負けるということは、たとえ論争上のことであっても、自分の人生が相手の人生に負けることを意味する。そうであれば、負けたら少なくともそのぶんは、自分の人生（生き方）を相手に差し出さなければならない。

つまり論争に負けると、自然な態度として相手を信ずるほかなくなる。

中世のキリスト教会が神学者たちの活動に頼ることになったのは、信者の信頼を失わないために、キリスト教が哲学からの批判に負けないことを示す必要があったからである。哲学に負ければ、キリスト教の教義の信頼は失われ、信者たちは哲学のほうを信頼することになるからである。

賽の日に大金をかけても、負けてとられるのはお金であって人生ではない。しかし哲学論争は、自分の人生がかかる問題である。だから論争をする前に、掛け金として自分のどの人生、どの生き方を賭けるか考えておかねばならない。論争相手も選ばなければならない。論争に負けたとき、自分の人生をその人に預けてよいかどうか見きわめておかなければならないからである。

さて、論争に負ければ相手に従うしかなくなるのだが、これは別に、負けたのだから従えと相手から言われるのではない。素直な心の持ち主なら、あるいは誠実な人なら、相手に従わざるをえなくなるのである。

戦時中に国民が国を信じて戦争に出かけたとき、その誠実さを疑う人がいるかどうか考えてみてほしい。出征した兵士たちは、ふつうのまじめな国民だったのである。だからオウム真理教の若者が唯々諾々と麻原の狂気にしたがってしまったとしても、彼らの誠実さを疑うのは間違っている。むしろ誠実であるから事件が起きたというべきだろう。

論争で負けたら勝った相手につきしたがって学ぶしかない。あるいは、つぎの論争まで沈黙するしかない。

もちろん一回負けたとしても敗者復活の機会は必要であり、つぎの論争の場は与えられなければならない。そうでなければ公平ではない。哲学の世界ではあたりまえのことである。

しかし麻原彰晃に負けた人は、おそらくつぎの論争の機会をもたなかったのだろう。そして麻原自身も自己吟味の機会を失って狂気に走り、周囲の若者も最後まで服従するしかなくなってしまったのかもしれない。

ソクラテスと麻原彰晃の違いは、どこにあるのか。

ふたりとも醜男だ。ふたりとも口がうまい。そこまでは同じなのだ。

しかし、そこから先の違いを見きわめることができるか、できないか。

麻原彰晃と一緒に処刑された人々は、それができなかった。おそらくなぜ麻原という人間を自分が見きわめられなかったかについても、最後までわからず処刑されてしまったのだろう。

裁判の過程でその謎が解明されていたならば、彼らにもいくぶんかの救いがあったかもしれない。しかし裁判でこの種のことが審理されることはありえない。刑事裁判はこうしたことがらには冷淡であって、まったく無関心の者が一般常識人として犯罪を審理するのである。

その点では、ソクラテスの裁判も同じだった。文明社会で快適な生活を追求する人々から見れば、ソクラテスはまことにあやしい宗教家のように見えただろう。いつも相手の誤りを暴きだすばかりで、自分の考えを話さない。ところがいざ裁判の場になったら、いきなりデルポイの神をもちだして自分が考えていることをまくしたてるソクラテスは、ごくふつうの人には、ただの嘘つきに見えたかもしれない。

何ごともことが終わったあとであれば、その結果を見てあれこれ言うことができる。ソクラテスについても麻原彰晃についても、それは同じである。

しかし、むなしさにとらわれて判断力をもたない若者が、擬似哲学や擬似宗教に惑わされたあげくテロの手先に使われてしまう可能性は、いまも少しも変わらずにわたしたちのまわりにある。麻原に服従することが人生に誠実であることだと思う若者は、誠実さを捨てたわけではない。じつによい若者なのだ。しかし不誠実な論に出会って負けてしまうとき、それが不誠実な論であっても、負けた以上は誠実に服従するしかないことに、そのとき彼らは気づくのである。服従しか考えられなくなった若者はどんな命令にも誠実に従う。それがテロという恐ろしい結果も生むのである。

第3章
疑いと、想像と、確信

1 疑われるもの

中世の普遍論争がさまざまな問題とからんでいることを見た。個と普遍のあいだにあるアポリアは、神の存在証明とからみ、個人と国家の問題とも関連している。現実の存在に気づくことと、概念による普遍認識とは区別され、わたしたちが直接に見たり聞いたりしている個別のものの存在こそが第一に確実な存在であるとすれば、理性による考察が主題とするものは、すべて「普遍的知識」であって、「神」も「国家」もいずれも確実な存在ではないとわかる。むしろ心の内に「考えられている」存在のうちで、人々のあいだにたしかに共有されているあいだだけ、「考えられる確実さ」をもつだけである。

一般の哲学が主張する理性の財産は、個別の存在ではなく「普遍」である。理性のはたらきの場である「ことば」は、いつも普遍的な意味を指示しているからである。たしかに発声された「ことば」は、口から耳へ届くまで、物理的に特定の時間・空間的位置にある。しかしことばが意味することがらは、特定の時間・空間的位置を超えて無時間的（永遠的）であり、特定の場所に限られない。だからこそ多数の人々のあいだで「ことば」（の意味）が共有される。

それに対して、対話の場、現実に議論する場において、「理性」は現実の「個別の理性」に出会う。

しかし対話の場を通じて理性が求め、財産として手に入れるもの（知識）は、あくまでも「普遍」でしかない。それは心の外にある現実ではない。これが中世の普遍論争が明らかにしたことである。つまり普遍論争においては最終的に「唯名論」（普遍の実在を否定する論）が勝ち残った。それによってわたしたちはつぎのことを知った。

わたしたち人間は、わたしたちにとって第一に確実な存在として、個人が直接に知覚する個別なもの（個別な事態）をもっているが、つぎの段階において理性がそれを吟味し、「理性が共有できる知識」すなわち「普遍」をたがいに見いだして主張している。したがって、わたしたちが出合う個々のものが絶対確実（必然）ではないように（出会いは、いつでも偶然である）、理性の吟味によってわたしたちが手に入れる普遍も絶対確実ではない（たまたま人によって吟味された構成物である）。わたしたちは自分がもつ理性の能力を十全に発揮するためには、つねに理性の吟味（問答）が必要であり、同時にその限界を知らなければならない。

2　疑いの発生

しかしプラトン以降、個についての直観は多くの場合すべて感覚的なものであると見なされ、哲学の考察から追放されてしまった。スコトゥスがいったんとり戻したが、その範囲は限定的であった。

たとえば、自分が「生きている」ということは確実な認識として確認できない。わたしたちの理性は、目覚めている状態も生きている状態も現存する個であるから、直観ないし「気づき」によってしかとらえることができない。普遍的な立場で反省する理性からすれば、自分が夢見ているのかいないのか、本当に生きているのかどうか、疑問に思えてくる。そして「気づき」を理性のはたらきとして認めることができなければ、理性的に確信できるものは何も見つからないのである。

荘子に「胡蝶の夢」という有名な話がある。蝶となってひらひらと飛んでいた自分が、ふと目覚めて、夢を見ていたことに気づく。ところが、はたして人間である自分が蝶となった夢を見たのか、それとも蝶がいま人間となった夢を見ているのか、じつはよくわからないという話である。

近代フランスの哲学者デカルトも夢の話をもちだして、現実と夢とのたしかな判別ができないと言っている。しかしデカルトは、それでも理性のはたらきを駆使して、「この理性」がはたらいていなければ疑うこともできないのだから、「この理性」という自己の存在は疑うことはできないと言って、自己の存在を確信する。このときデカルトは、現実と夢との区別はどこかに置き、夢だろうと現実だろうと、考えている自己の存在は確信できると結論しているのである。

とはいえ、普遍概念的認識の地平で「疑うことはできない」というのは、「ほかの仕方で考えることができない」ということにすぎない。アンセルムスが神についてもった確信と同じ種類のものである。デカルトはそれが「確実に知ること」だと言う。しかしそれを「確実な知である」と主張しても、「真理だと考えた」ことはいまだ「考えることの内側」にあることだから、「考えることの外側」にある「かならずそうである（在る）」ということではない。実在が客観的に（理性的に）証明されたわけではない。実在の証明ではないという意味は、それが現実であるか夢であるかは客観的（理性的）実在の基準においては判断できないままであることを意味する。

だから「確実だ」という判断は、「考える理性のはたらきのうちで」という基準において、「ほかに考えられない」という説得のもとに成立しているだけである。言うまでもなく、「理性」が判断するのであるから、「理性」の及ぶ範囲内であることは当然である。

くりかえすが、ほかの仕方で考えられないのなら、それを確信するほかない。つまり理性の限界を超えたことを確信するとしたら理性に反するが、限界内であるならば、その確信には理性的（合理的）根拠があると言える。そして理性には個的なことがらに「気づく」というはたらきがあることは、プラトン主義の哲学の根強い影響のもとでは気づかれていない。

わたしたちは、自分は現実に目覚めて生きているのか、それとも蝶が夢を見ているだけなのかと疑うことができる。しかしどちらを選ぼうと「考える」あるいは「思う」ことから離れることはできない。なぜなら「夢を見る」のも、やはりそのように「考える（自分の心がはたらく）」ことだからである。

そもそも哲学すること自体、普遍的に考えることの内側にあるのだから、「哲学は心の外の個別の現実をとらえることができる」と確信することは本当はゆるされない。プラトン的伝統哲学は心の外の現実において自分が生きて存在していることを確信させる手段をもたない。哲学は、公共の「ことば」をはたらかせる能力（理性）において、もっぱらあるからである。共通の「ことば」は心の内側にあって、そこでしかはたらくことはない。じっさいギリシア語では「ことば」も「理性」もロゴスである。したがって、自分が夢見ているか目覚めているかの区別は、普遍的理性には判断できない。

そのうえ感覚がはたらいて、それを「ことば」にするところから理性は働きはじめるのであるから、身体が生まれるときや、自分が身体ごと死ぬときには立ち会えない。理性は、自分の誕生と死には、気づきの力によっても立ち会うことができない。立ち会える生死は、自分のものではなく他人のものである。理性はせいぜい他人の生死の経験から自分の生死を想像することができるだけである。

しかも客観的実在という心の外の出来事においては、生死の区別は判然としない。たとえば、人間の体内では多くの細胞が新陳代謝をつづけている。その意味では、人は一瞬のうちに夥しく生死をくりかえして生きているともいえる。いつ世間でいう「死」が訪れるかわからない。しかし夢か現実かの区別ができないうえに、生きているかどうかも理性のはたらきの範囲でしか自覚できないとなれば、何が確信として残るのだろうか。

わたしたちにゆるされるのは、自覚して動いている理性のはたらきがあるとき、「たしかに生きているけれど、これは夢かもしれない」と考えることだけである。それが目覚めた現実の中なのか、夢の中なのかわからないけれども、理性が気がついてみたら（反省してみたら）生きている、というのが本当である。具体的な個別の現実に触れる理性は、それについての「気づき」や「心配り」という、私的な「ことば」の範囲に限られるのである。第三者と共有できる「ことば」の範囲にはない。

さらにいえば、人間は誕生して、以降一〇〇パーセント大人になるまで生きつづけられるかどうか定かではない。ほんの一〇〇年も前だと出産に際して「母子ともに健康であった」というニュースは慶賀の至り（至極の慶賀）として受けとめられたものである。現代では、医学の発達でそれをあたりまえと受けとる人も多いが、出産は母子ともに命を奪う可能性をいつの時代にも大きくもっていた。つまり誕生はそもそも死と隣りあわせなのである。

あるいは現代の医療でも、臓器移植の場面では脳死判定が行われる。移植にはできるだけ新鮮な臓器が必要なためだが、脳が死んでも臓器が生きている状態を現代医学は認めていることになる。そのときほんとうは人間は生きているのか死んでいるのか。ここでも生死の壁は存外に低い。

わたしが思うに、哲学は普遍的思想であるから、「一般的に考えるほかないことを現実として見る」以外に、現実（真実）をとらえることができない。まさにほかに考えようがないのである。

とはいえ、これは失望すべきことなのだろうか。そのことが真実なら真実として考えねばならない。そうでなければ正しく考えることはできないと、正しく理解すべきである。

理性は自分が動いていることを知る（気づく）ことができる。その自覚のなかで動くことができる。理性が正しく動くために「ことば」がある。「ことば」を意図的にゆがめてしまうことなく、正確に、他者と共有できるかたちに保って理性をはたらかせるなら、理性は正しく動く。宗教が神の前で人を正しくするためにあるとすれば、哲学は他者の理性を前に、自分の理性を正しく動かすためにある。

3　国家の交戦権の矛盾

善悪の区別も「考えること」であるし、「判断されること」であるから、「考えること」の内側にある。とはいえ、善悪の区別についてのわたしの考えが、わたしが考えるということ――つまりわたしが「よい」とか「悪い」と思うということ――から少しも出られないということではない。理性は正しい「ことば」の論理に則って動かなければ、正しいとは言えない。そして「ことば」は本来、自分のものではない。自分と他者のあいだにあるものである。ひとまず「わたしのことば」が発せられても、その「ことば」は他者とのあいだに共有されなければならない。他者の批判にあって、たがいに納得のゆく形に整えられた「ことば」に、わたしの理性も説得されたとき、わたしの理性は共通の「ことば」（理）に即して動くことになる。

ところで、近年多発するテロ事件に基づいて、過激な信仰や極端な信仰がテロを産むといわれることがある。なるほど信仰は、集団のなかで共有されるものだから、あらためて吟味される機会が少ない。ヨーロッパでも信仰の吟味が起こったのは、古代ギリシアから哲学が到来したためである。また宗教において「よいことのためには敵対者を殺してもよい」という判断が公言されるときには、たいてい来世の信仰が正当化のためにもちだされる。自爆テロの場合など、天国を夢見ることで、他者の生命どころか、自分自身の生命すら捨てることが正当化される。来世もやはり人々に共有化された「普遍」であり、吟味を受けなければ、そのまま正当化（正義）の根拠になる。

そう考えるならば、信仰が極端だからテロが生じるというより、信仰であろうと何だろうと、厳格に吟味されなければ安易な解釈がまかりとおってしまうというほうが真理だろう。「普遍」についての判断がその時代において公正なものであるとされるのは、すでに述べたように、その判断がより確実な認識である「個別のもの」についての判断と矛盾しないかぎりにおいてである。だから共有されている信仰も、公正なものであろうとすれば、個別の現実においてつねに、あらためて吟味されなければならない。

戦争時に国家が個人に殺戮を命ずることをもう一度考えてみよう。それは「国民が自分の利益のために犯す殺人は犯罪である」という国家自身の定めた法とのあいだに矛盾を来たしはしないだろうか。なぜなら戦争における殺人は、国家が国家の利益のために国民に命じる殺人だからである。この矛盾ゆえに、国家の交戦権には問題があると私は思う。同じように、宗教が来世のために個人に殺戮を命じたり、それを是とする判断をすることは、個人に向けた神の命令「汝、殺すことなかれ」と矛盾する。そんな信仰は理性的に見て問題があると言わねばならない。

哲学から見て、「普遍」の一種である「神」も「国家」も、個々人の理性がつくりだした構成物である。それが多数の個人のうちに「在る」のは、意識的にか無意識的かは別にして、個々人の「承諾」ないし「信仰」による。個々人はこの承諾や信仰を前提にして、それぞれの場面で考え、行動している。だが、それが理性の構成物であるなら、その真偽は理性によってつねに吟味されつづけなければならない。そうでなければ無責任（不正義）だというのが、おそらくソクラテスの教えである。

4　神の存在証明ふたたび——「存在の一義性」を踏まえて

第2章で、ヨーロッパ中世では宗教の権威も国王の権威も神の権威によっていることを見たが、わたしたちは権威の吟味を怠れば、無自覚に権威の誤りにもしたがってしまいがちであることを確認するために、もう一度ヨーロッパ中世期に考えられた神の存在証明を検討してみたい。

最初に再検討するのは、カンタベリーのアンセルムスである。

彼は、「大いなるもの」である神は存在すると「考えるほかない」という証明を提示した。まず彼は聖書抜きに神を定義する。神は「それより大いなるものが考えられないもの」である。神は大いなるものとして人を圧倒する存在と一般に考えられている（と、アンセルムスは考えている）。そして現に存在しないよりも存在するほうが「より大いなるもの」である。それゆえ、このように定義された神は「存在すると考えるほかない」。そうアンセルムスは結論する。

アンセルムスは信仰抜きにこの証明が成り立つと考えた。「それより大いなるものが考えられないもの」という神の定義は、信仰をもつ者は当然のことながら、不信心の者でも理解できると彼は言う。アンセルムスによれば、彼の定義したものがもし「神」であるとするならば、不信心の者も神の概念をもつことは明らかなのである。

しかし、神の概念をもつ者が不信心ということはあるのか、という疑問が生じる。神の概念をもつとは、心のうちに神を知ることである。であれば、それはすでに信心ではないだろうか。さらに、神を定義する概念が「存在する」を内包しているから、神は存在すると「考えるほかはない」とアンセルムスは主張する。しかし、まったくの不信心の者（神を知らない者）にとって、それは「神の」存在証明となっているのだろうか。

本来ことばによる証明（論証）は、前提に「潜在的に」含まれているものを、結論を導く過程において「顕在化」することである。前提に含まれていないことがらを結論するものではないし、もし前提に含まれないことを結論するならば、その論証は間違っている。前提に「ない」ものを結論で「ある」としたら、ごまかしか論証の間違いがある。

したがって存在の論証というものは、「存在すること」が必ずしも明白でない仕方で前提に含まれていて、その「存在すること」が証明の過程を通じて析出され、明白になるのでなければならない。

神を信じる者は、「大いなるもの」のうちに「神」が明白でない仕方で存在していることを認めている。信仰者は神を「大いなるもの」と思っているからである。そのうえで「存在しない」よりも「存在する」ほうが「より大きい」と考えるほかないとすれば、「神」はたしかに「存在する」と考えるほかないと結論できる。

しかし信仰をもたない者（神を知らないと思う者）は、「大いなるもの」のうちに「神」の概念をもっていない。「大いなるもの」と言われても「神」を思い浮かべない。不信心な者はこう言うかもしれない。「わたしには国王陛下よりも大いなるものは考えることができません」。このときアンセルムスの証明は、現に存在している国王がまさに偉大なものとして存在していると言っているにすぎない。

さらに一三世紀後半にアリストテレスの『自然学』がヨーロッパでも知られるようになると、神学者トマス・アクィナスは神を直接定義することなく、「動いているものはみな何かに動かされて動いている」という論理をアリストテレスから受けとって、だとすれば「第一の動かすもの」がなければ何も動いていないはずであり、その「第一の動かすもの」のことをキリスト教世界ではみんな（畏れて）神と呼んでいる、と述べて、神の存在の第一証明とした。

しかし、ものが「動いている」世界、ないし次元（ひろがり）をどこまでの範囲として考えるかは人による。運動は感覚される物体的なものに限られるのか、それとも、「動いている」という概念を類比的に受けとって、目に見えない世界においても「何かが動かされている」と見るのか。もし前者なら神は物体的な「第一の動かすもの」であろうが、それを神と呼ぶのは信仰をもつ者は嫌うだろう。キリスト教信仰をもつ人は、物体を超えたところまでの次元（ひろがり）を考えて、はじめてその「第一の動かすもの」を「神」と呼ぶ。最初の物体を動かすのは、物質世界の背後に存在する物体以外のものだと考えたいわけである。

しかし、そう考えた時点で、その人はすでに物体を超えた存在を考えている。つまり神のような存在を考えているのである。トマスの証明はこの後者の立場を前提にしたうえで、論証の仮定を通じて神の存在を明らかにするのである。

基盤となる世界がどういうひろがりをもつと考えるかは、人によって異なるだろう。物体的な目に見える範囲のものしか「存在している」と考えないか。それとも物体を超えた目に見えない世界が「現実に在る」と考えるか。二種類の人間がいるのである。この二種類の人間はどちらも人間である以上、哲学の論理からすれば、一方が正しく他方は正しくないと主張することはできない。どちらの主張もそれぞれ正当であると主張する権利（正しさ）をもつと言わざるをえない。

この点を考慮すると、アリストテレスをとり入れたトマスの証明は、アンセルムスの証明と比べて特に客観的真理性が増しているということはない。

一四世紀に入ってまもなく、神学者ドゥンス・スコトゥスは神の存在証明のうちにあるこの種の前提を明るみに出した。スコトゥスは大略、つぎのように証明を進める。

まず第一に、キリスト教徒は「わたしたちの神」と呼び、聖書にしたがって「在りて在るもの」と呼び、「完全なもの」と呼び、「真実なもの」と呼び、「第一の始原」と呼ぶものを心にもっている。

第二にキリスト教徒はそれを、感覚されるものと一義的に（同じ意味で）「存在者」と考えている。そこにある石が「存在者」であると言うように、神と呼ばれるものは「存在者」であると言う（みなが、そのような言葉遣いをしている）。

第三に宇宙には秩序が見いだされ、「より先、より後」の秩序関係は、目に見える宇宙を超えて、目に見えないところまで伸びて「在る」と一般に考えられている。

これらのことが前提になるなら、神は第一原因として「存在する」と考えるほかない、とスコトゥスは証明するのである。要するに、神の結果である宇宙のもろもろの事物が現に在るのだから、その原因も在ると考えるほかないという証明である。

言い換えるとまず、神の存在を証明するためには、わたしたちが感覚経験から受けとっている「存在」の概念が、まだ見たことのない神に一義的に（「類比的に」ではなく「まったく同じ意味を保って」）述語できることが認められなければならない。

二つめに、宇宙には一つのものに向かう秩序が認められなければならない。これについては、アリストテレスも認めているから、当時としては十分な権威をもって、自然学において一般的に認められることだということができる。とはいえ、その秩序が宇宙を超えた次元（神が存在する次元）にまで通用する（これが「存在の一義性」の主張である）のでなければ、第一原因は自然的宇宙内にとどまるものにしかならない。しかしスコトゥスは、神は物体的存在（有限な存在）ではなく、物体的存在を超えた存在（無限存在）と定義する。

したがってスコトゥスにおいても神の存在証明は、あらかじめ神が存在する基盤の次元（物体を超えた次元、目に見えない次元）まで「自分が生きている世界のひろがり」は断絶なくつづいていると前提したうえでの証明である。それを当然として受けとっている人にでなければ論証は成り立たない。別の言い方をすれば、そもそも神を自分の生きる世界のなかに確固として認めているのでなければ、神の存在証明は納得できるものにならない。あるいは、そういう第一のものを期待している人に対してのみ説得力をもつ。だから、そういう期待をもたない不信心者（神と呼ばれる存在を知らない者）に対しては、スコトゥスの神の存在証明は何の説得力もない。

スコトゥスの「存在の一義性」（神と被造物に「存在」は一義的に述語される）の論説は、このことを明るみに出す。神がいると信じることによってはじめて希望をもって生きることができるという「神頼み（信仰）の合理性」は、信仰自体にもとづいてしか証明できない。つまり理性を正しく動かすに際して、信仰を前提にしていなければ宗教の基盤となる神の存在は結論できない。

それゆえ「普遍はつねに疑わしく、吟味されなければならない」という哲学の立場からすれば、普遍的理性が「神」を絶対化することはできない。たとえ「神」であろうと、それをどのように考えるべきか、理性はつねに相互に吟味をつづけなければならない。神は、そういう普遍の一種なのである。世界に続発する宗教的過激思想は、この吟味をやめてしまうことから生じている。だが、それは「国家」についても同様なのだ。

5　完全性の概念

さらに、たとえばスコトゥスの言う宇宙のなかの「秩序」というのは、何らかの種類の「完全性」の秩序である。作出因にしても目的因にしても、より完全な原因がより優先されるという秩序をもつ。たとえば知識を生みだす原因は感覚を生みだす原因よりもより完全であり、より優先される秩序に属しているといわれる。

デカルトは、「完全な三角形」の概念は「三角形」の概念と「完全性」の概念が組みあわされてしかないが、完全性の概念は自分のような不完全なものからは出てこないと言う。完全なものからしか完全性の概念は受けとれないと言うのである。そして完全なものの典型は神だから、やはり神なしには完全性の概念に人が思い及ぶことはないと主張する。

しかし古い時代の日本に完全性の概念はない。これはデカルトが言うように、日本には神がいなかったためだろうか。

わたしが思うに、日本に完全性の概念がないのは、わたしたちが生きる世界は相対的でしかないと日本人は思ってきたからだろうと思う。湿ったところに生きている「ケラ」も、陸上に生える「樹木」も、それぞれに生きる世界があって、どれが完全だとか、どちらが完全だとか考えない世界観が根底にあるのだろう。じっさい、人間の社会はほかの動物の社会と比べてより完全だと考える日本人が、はたしてどれほどいるだろうか。むしろ、そういう視点があると聞いたら戸惑うのが一般の日本人ではないだろうか。

たしかに幾何学や数学の証明を考えるときは、線、点、あるいは、数は、きっちり完全な仕方でのみ考えることができる。定義なり概念なりがあやふやだと、何かを証明することは不可能だろう。

しかし、それは「完全性の概念」がなければ考えられないことだろうか。江戸時代の日本では和算がさかんで、ゲームのように各地で数学の問題が札に書きだされ、その解答が寄せられた。数学女子だっていたという。しかし、問題も解答もあやふやでなければよいのであるし、一と二を区別できればよいのであれば、別に「完全性の概念」は必要ない。

あるいは、ひとりの女性に恋する男性が「彼女は完璧だ」と言うとき、彼は完全性の概念をどこから受けとっているのだろうか。彼女という女神からだろうか。わたしからすれば、自分の思いを満たすものであれば、相対的に十分に完璧なのであって、その概念をその女性から受けとったとは言えないだろう。ことばは他人から受けとるものであり、そのことばの概念も一般には、そのことばを教えてくれた人から受けとるものである。

わたしたちがヨーロッパ人から「完全性の概念」を受けとり、ヨーロッパ人が自分たちは神から受けとったと言うなら、たしかに完全性の概念の由来は神にあるのかもしれない。しかし自分たちのことばは神から直接受けとったと言うなら、ヨーロッパの言語は神とコミュニケーションできる言語なのだろうか。そうであれば、ヨーロッパの言語によってだれもが神と話し、預言者になれるはずである。だが、この結論は間違いであり、それゆえ前提もまた間違いであるに違いない。

むしろ、何であれ現実には、ことに当たってわたしたちが不満をいだくところがあるから、それは不完全と言われ、その対概念として、「完全」という概念があるだけだろう。そして数学的世界は人為のことば（数や線や点）によって構成されているから、「完全」を求めることに関して遠慮する必要がない。それゆえに、三角形も、数字も、わたしたちは遠慮することなく完全な概念を考える。

以上のことを考慮するとき、正義についての判断は、絶対的に信仰に頼ることも国王に頼ることもできないことが、中世を通じて明らかになった。すなわち、神の存在が哲学によって十全には証明できないことが明らかになることによって、その絶対性は中世においてすでに崩れたと言える。近代になって国家は一般民衆の意見によってつくられ、国家は民衆頼みで存在することになった。しかしそうだとすれば、自分たちの意見によって国家は変わるのだから、現国家は自分たちによってある。つまり、国家の判断は自分たちの判断だ、ということである。

正義の判断を他者の判断でまかなうことは、理論的にできない。したがって、自己の知の吟味（哲学）がなければ、正義についての判断は、ひとり一人においても、それにもとづく民衆による国家の正義についても、確信はもてなくなる。

6　疑わしい知と確信できる知

すでに触れたように、どんな普遍的な知もわたしたちの考えの内側にある以上、それがそのとおり「現に在る」などと主張するのは行きすぎである。わたしたちが現実に言えるのは、「現実的には、ほかに考えることができない」ことが、公共的に「確信できる知」だということだけである。アンセルムスも、トマスも、またスコトゥスも、それぞれの考えの内側で、「ほかに考えることができない」という確信のもとに神の存在を結論した。わたしたちが彼らと考えをともにするかどうかは、彼らが背景とする世界観をどのようにもつか、にかかっている。

ただし、自分の主張に対する批判をできるだけ少なくしたければ、一般にすぐれていると認められている考えにしたがうのが無難である。哲学に自信をもっていたデカルトですら、アウグスティヌスにならい、世の常識にならうことでいたずらな批判を避け、自分の研究環境を静穏に保っていた[1]。だから、ふつうの人間は有名な思想家の思想を自分のものにしておいて、とりあえず批判の多くを避ける。いわゆる処世術であるが、たいていはそれでよいのである。ところが、どの思想にも同意できないこともある。そのときは可能なかぎり土台にあたるものを見つけて、あらためて考えてみなければならない。

その点ではヨーロッパの哲学はきわめてよいものであって、どの時代であっても、その時代の哲学はその時代の「知の基礎」（知の土台）を見せてくれる。つまり〈疑わしい知〉と、〈確信できる知〉は、科学技術上の知見や一般的な経験知の程度といった、その時代の要請の範囲で行われる公共的な吟味を通じて、いつも区別されるのである。

古代から中世までの伝統哲学においては、二種類の知の一方は「真理認識」ないし「知識」、あるいは「学知」といわれ、もう一方は「思惑」とか「見解」あるいは「信」といわれる。

この区別はおそらくピュタゴラス学派に由来する。しかしピュタゴラスが考えたのは、天上的知識についての区別である。日常的な場面の知識にまで徹底した知の吟味をはじめたのは、ソクラテスである。

知らないのに知っていると（間違って）思っている者に何らかの問いを投げかけることによって、ソクラテスは、その人が自分が知らないということを認めざるをえない地点にまで追いつめる。つまり知らないことを知らないと自覚させる。それは相手に、無知を暴かれた怒りを引き起こすが、同時に、自分が何を知っているかについて無自覚な者に、それを自覚させる力をもっている。知らないと言っていながら内心悪いとわかっていることについては、悪いと知っていると言わざるをえないと告白する結果（悪を暴かれた怒りの沈黙）を引き起こす。

したがって「疑わしい知」とは、知っていると思いこんでいるが、本当に知っていると言えるかどうかを「吟味していない状態の知」であり、他方「確信できる知」とは、十分な吟味がなされ、当人が「知っているとしか言えない状態の知」を言うのである。

第4章 アンセルムスとソクラテスの発見

1 アンセルムスとソクラテス

中世初期の神学者・聖アンセルムス（カンタベリーのアンセルムス）は神の存在証明を検討するなかですでにとりあげたが、ここでは神の存在証明に特化せず、彼の哲学全体が哲学史上のある系譜に連なる点に言及したい。というのもアンセルムスは、キリスト教神学がとりあげるべきテーマをはじめて選別し、のちの神学の性格を決定したからである。

たしかにその後アリストテレス哲学が導入され、彼がとりあげたいくつかのテーマは、あまりとりあげられなくなった。中世スコラ哲学といえば一三世紀の哲学であって、アリストテレス哲学の神学への応用が最大の特徴とされる。その典型がトマス・アクィナスの神学である。

そのためアリストテレス哲学導入以前のアンセルムスの神学は、素朴な神学という印象を与える。

しかし、じっさいには、アリストテレスが中世ヨーロッパに知られてからも、アンセルムスがとりあげたテーマの多くが最重要テーマとして神学の課題となりつづけた。たとえばドゥンス・スコトゥスはアンセルムス哲学の流れを汲んでいる。たしかにスコトゥスも、テキストの上ではトマス・アクィナスに劣らずアリストテレスの専門用語を交えた議論をしている。しかし全体を通した論理の運び、体系化された哲学の柱となる部分は、トマスとは違ってアンセルムスに近似している。あえていえば、スコトゥスの哲学は半ばアンセルムス神学のアリストテレス用語への翻訳である。

ところで、そのアンセルムスの神学において真理論などの神学の基礎的な柱となっている論理は、ストア的である。その論の特徴は、倫理的なことがら（自由意志のはたらき）の分析に優れているということと、論の運びが学問的（専門的）というより日常話法的である点にある。

神の存在証明の場合も、神の定義「より大なものが考えられないもの」という概念は、ローマ帝国のセネカ（悪名高いネロに仕えたが、結局ネロに自殺を命じられたストア哲学者）が『自然について』という書物に書いたものである。アンセルムスとストア哲学をつないだのは、ストア哲学がさかんであったローマ帝国の文化のなかで育ったアウグスティヌスである。

いや、アンセルムスのほうがアウグスティヌスよりストア的かもしれない。アンセルムスが最初に神の存在証明を示した論考『モノロギオン』は、プラトン的な善の分有を背景にした神の存在証明を示していながら、若い修道士仲間から「平易な文体」による論を要請されたからと断って、できるかぎり日常話法的であろうとしている。つまり平易なことばで哲学することは、アンセルムスの当初からの信条なのである。

これはアンセルムスがイタリア半島出身であったために、色濃く残っていたローマの文化に強く影響されていたからかもしれない。憶測ではあるが、ローマの哲学者セネカが書いたものを若いころ耽読していたことがあったかもしれない。

日常話法を基本とするストア哲学の伝統は、じつは市井で一般人を相手に哲学したソクラテスに由来する。したがってアンセルムスは、プラトン・アリストテレスよりも、ソクラテスにつながっているのである。

この歴史は、テキストをじっくりと味わってみなければわかりにくい。プラトンやアリストテレスの哲学が特徴とする「学的専門性」は、ほかとの違いを強調し、いかにも「哲学らしさ」をもっているのと比べて、ストア哲学はクセノポン『ソクラテスの思い出』にあるような、日常生活についての訓話的性格をもつからである。

プラトンでは天上の「イデア」を表す抽象語が多用され、新プラトン主義では、第一の善との関係で世界の全体が論じられる。アリストテレスでは、ストア哲学に対抗できるほどの膨大な自然学的研究のあとに、「実体」という直接には見えないものの探求をめざし、「類」「種差」

「範疇」などなど、専門用語を駆使する論理分析が「形而上学」（ギリシア語の「メタフィジカ」は「自然学の後の学」の意味）の名のもとに展開する。

それに対してソクラテスの哲学は、終始人々が日常会話で使うことばを用い、人であればだれもが出会う問題について議論が展開する。だからソクラテスの哲学は学問的差別性（いかにも高尚な学問じみた性格）が明らかではない。それゆえその流れを汲んだストア哲学も、そもそも厳しい批判性をもつことで際立っている「哲学」なのか、おとなしく社会道徳を語っているただの「教養」なのかがわかりにくい。

じっさいセネカの時代まで来ると、ストア哲学もソクラテスの厳しい問答性・吟味性を失って、友人への助言の仕方で展開されることがほとんどになった。この違いは、セネカの『道徳論集』とアリストテレスを読み比べてみればわかる。

ただしアリストテレスも、倫理や美徳の問題となれば、プラトンを通じてか、弟子仲間に伝わっていたソクラテスのことばを通じてか、ソクラテスの影響を強く受けている。そのため、ピュタゴラス学派やそのほかイオニア学派の影響を受けている『形而上学』や『自然学』などと比べて、倫理学（『ニコマコス倫理学』、『大倫理学』）については、ソクラテスの日常話法の側面をいくぶんかもっている。

2 「哲学らしさ」の欺瞞

哲学書を読む人は一般に、哲学らしい哲学のほうが「高度な哲学」であるという印象をもちやすい。しかし、それは専門性がもつ幻想である。

哲学の本題は、論証の原理となる真理文を見いだす「知の吟味」にこそある。いったん論証の原理が定まれば、その後の推論は専門性の枠のなかで研究を進めることができる。しかし哲学の本題は、むしろ専門性に入る前の段階の知の吟味にある。

たとえば、数字や計算がわかれば（納得できれば）、数学の研究に進むことができる。しかし哲学者が問題にする「数とは何か」は数学の問題ではない。それは人間が日常において「ものを数える」ことを吟味する課題である。その知の吟味は専門家の独占事項ではなく、だれもが日常においてくりかえすべき吟味・反省である。それゆえ哲学は本来、ソクラテスが示したように、日常用語で論じられるべきものなのである。

日常性のなかの「このように考えていて本当によいのか」という疑問は、専門的なものではない。だがプラトンは、哲学を総合的な科学にしよう（数学や医学にならって専門化しよう）と企てた。パルメニデスがもっていた非俗性にあこがれたのである。

しかし哲学は本来、専門性を超えたものでなければならない。だから専門性をもつ哲学などというものは矛盾なのである。専門性を超えたところにあるのはむしろ市民の日常的一般性である。哲学の問いはすべての市民の心に起こる問いであり、市民がそれを忘れているなら、ソクラテスがしたように誰かがあえて問いかけなければならない。だからソクラテスはひとりひとりが「幸福に生きる」ことを一番に問題にした。ギリシア語で「幸福」は「エウ・ダイモニオン」という。「エウ・ダイモニオン」とは「善き霊」である。それは「良い精神」を意味する。それゆえ「善美な精神をもって生きる」ことが「幸福に生きる」ことであった。それゆえソクラテスは「善美な精神」＝「美徳」の理解に努めたのである。そしてその理解にもとづいて人々に精神の善美に配慮するように親切に求めたのである。

そして、その答えをだれもがもたなければならない。だれかに任せていてよいことではない。他人にそれを任せることは、善悪の判断を他者に任せることであり、それは結局、その人にあらゆることで指導を仰ぐ羽目に陥るからである。

自分で善悪の判断ができないことは自律的自己を失うことであり、ヨーロッパ社会では奴隷に成りさがることである。

だれもが独立したひとりの人間、ひとりの自由な市民であるためには、日常のあらゆる場面でみずからの経験をもとにしつつ、「このように考えていて、本当によいのか」と、自分がもっている既存の知識（概念）の吟味をつづけ、そのつど自分の答えを見つける必要がある。

日常経験を「ことば」にするとき理性が動きだす。それゆえ、日常経験を語ることばで知を吟味する〈哲学する〉ことが、哲学にとって本来の姿なのである。

文明社会はさまざまな専門分野にわかれており、各人はそれぞれの専門分野に属しながら全体として組織されている。その各専門分野のなかでは、いろいろな専門的哲学のほうが問題を考察するのに効率的である。医療の世界における生命倫理学とか、情報化社会における情報倫理学などはそうであろう。

しかし専門性から離れた人間の日常生活のなかにある問い、たとえば「幸福に生きるとは」という問いは、日常経験を語ることばで吟味する力をもたなければ満足のいく考察はできない。日常の自己の知が自分の生に気づく力に蓋をしてしまっていないかを吟味できなければ、日常世界において自分の生を実感する道は開けない。できなければ、他人に自己についての判断を任せる奴隷精神に陥らざるをえない。

以上のことを考慮するなら、本来の哲学は日常人の吟味でなければならず、それはどうしても日常的な話し方になるのであって、専門の学者ふうの議論になるはずがない。だとすれば、哲学の専門用語を駆使し、専門家を気取るのは、じつは本来の哲学ではないのである。

3　生の確信知（生きている実感）の在り処

「生きている」ことについての「知」は〈確信できる知〉なのかどうか吟味しよう。スコトゥスは「自分が生きている」ということは知覚できる、つまり確信できる知であると言う。アウグスティヌスが『三位一体論』第一五巻で、「見ている」「聞いている」という知覚と同様に「生きている」ことも霊魂が直接受けとっている知であると言っているからである。「眠っていようと目覚めていようと、彼は生きている。なぜなら、眠ることも、夢のなかで、見ることも、生きている者にあることだからである」。

スコトゥスによれば、知覚の確信知は、自分の知覚作用が正常に（本来的な状態で）はたらいていることの確認をともなっている。たとえば目が効かないほどはるか遠くにあるものを見るとき、視覚は本来的な状態ではたらいていない。暗がりで見るとき視覚は本来的な状態ではたらいていない。

また、どの知覚であれ、おかしいときは自分でもおかしいと思う。もちろん知覚が何らかの病気でおかしくなることはあるし、おかしいかどうかの確認すらおぼつかなくなるときがある。これもスコトゥスは本来の状態で知覚がはたらいていないとみなし、確信知からは排除する。

しかし、自分が「生きている」という知覚は、たとえば自分が「見ている」という知覚と同じなのだろうか。

わたしは大いに疑問に思う。スコトゥスはアウグスティヌスにしたがって同列にしているが、生きていることは特定の感覚が作用していることとは異なる。たしかに「生きている」ことはすべての知覚の大もとであるが、聴覚にも視覚にも障害がある人は、そのぶん生きている実感についても障害が出るだろうか。生きているという知覚は、見ているとか聞いているといった個別の感覚の作用を通した知覚とは、むしろ異なるのではないか。

一般的にいえば、若者は老人よりも目も耳もよくはたらき、活発に知覚しているはずである。もしも感覚を通した知覚が「生きている」ことを告げるなら、若者は老人よりも、より強く「生きている」実感を得るだろう。しかし、そのような事実はないようである。

むしろ若者のなかには生きていることの「実感がない」と悩みを打ち明け、生きがいを求めて新興宗教に救いを求める者も多いではないか。だとすると、生きる実感は個別の知覚作用とは別ものである。そしてそうであれば、「善とは快楽である」とする俗流の快楽主義に対して大きな疑問を突きつけることができる。なぜなら快楽は明らかに知覚の快楽（満足）である。もし「生きる」ことが「知覚する」ことと異なるなら、快楽において「知覚」が満足しても、「生きることの満足」、すなわち「幸福」とは異なるに違いない。ところが快楽主義は、幸福とは快楽にあると主張する。

現代において快楽主義は、「幸福はおもしろい人生にある」というかたちで、よく耳にするようになった。おもしろ主義は快楽主義の一種である。なぜなら、おもしろいかどうかは知覚における快楽から生じると考えられるからである。

さらにいえば、快楽もおもしろさも偶然的な条件によって生じるものである。したがって、おもしろい人生になるかならないかは運だといえる。

たとえば物理学者のR・P・ファインマンによれば、科学的真理の認識は「とにかくおもしろい」と言う。彼は教育の場で、そのおもしろさを懸命に伝えようとした。その努力の賜物が、いま科学のよき啓蒙書として広く出版されている。

「おもしろい」というだけなら、哲学の研究とて「おもしろい」ことだらけである。文面晦渋な哲学の文がどういう意味か「わかる」ようになる。これはおもしろいことには違いない。

たしかに「わからない」状態が長くつづくか短いかの違いはあるにしても、個々人に与えられた才能と、それにかけられる時間が与えられるなら、おもしろさは得られる。しかし、それは運にもよる。運がよければということは偶然的ということである。それゆえ学問のおもしろさは明らかに一部の人間にとってのおもしろさであって、万人の幸福ではない。幸福が「よく生きる」ことであり、幸福感がそれを感じることであるなら、「生きている」という、ただその条件だけで得られるものでなければ「幸福」とは言えないだろう。

生きている実感がないという現代の若者の感覚を、「気のせいだ」「大人になれば忘れるよ」などと問題にしない態度をとる人が多い。しかし「大人になれば……」というのも怪しい答えである。年老いて死が間近にあると意識せざるをえなくなったとき、何をすればよいかわからなくなってしまう人は結構いる。とすれば、現役で仕事をしているときや、仕事で得た給金を何かのために消費しているときは、たんに毎日の忙しさや慌ただしさで「生きている実感のなさ」をごまかしていただけではないか。この問題を等閑に付してきた結果、生きる意味を見つけられなかった若者が、たとえばオウム真理教のような団体に引き寄せられて異様な事件が起きたのではないか。

「見ること」や「聞くこと」といったそれぞれの知覚と、「生きること」の知覚は別であることをもう一度確認しよう。個々の知覚作用が正常にはたらいていることと、生きていることの知覚は別だと考えなければ、生きていることの実感のなさは説明できない。

身体感覚が生きているのなら、医学的には「生きている」ことは他人によって確信できる。だが、それは、当人が「ほんとうに生きている」という実感をくみとることができる知覚作用と同一ではない。しかし同一でないのなら、それは本人の内側の精神作用自体の知覚から来るものなのか。

精神ないし霊魂が身体から離れ、それだけで「生きる」ことができるという主張（死後の霊魂を語る信心）は、いまも人々のあいだに残っている。そうだとすれば、身体感覚の作用から離れて、精神は「生きている自分」を自覚できるのか。

中世アラビア哲学の重鎮アヴィセンナは、「空中人間」の思考実験を通して、つまり真空中に浮かび、感覚作用がまったくはたらかない状態を思考実験してみて、「生きている」という知覚は内的感覚によって可能であると言った。

しかしアヴィセンナの説が真理であるなら、生きている実感が得られないという若者は、感覚器官だけが生きてはたらいていて、精神が生きてはたらいていないから実感が得られないのだ、と言わなければならない。しかし生きている実感が得られないと悩む若者はむしろ、ほかのことが手につかないほど、生きがいと言えるものは何かと考えている。仕事らしい仕事もせずにひたすら考えている若者もいる。彼らは生きることについて悩み、大人は彼らの無聊を疎んじる。大人は彼らが一生懸命仕事をしないから悩むのだと考える。

結局、「内側の精神作用が少ない」ために生きている実感がないという説明は妥当しない。反対に「外的感覚作用の刺激が少ない」から生きているという実感がないという説明も妥当しない。理性は内側にあるからである。

生きている実感は、生きていれば（すなわち、死ぬ瞬間まで）得られつづける実感でなければならない。まずいものを食べていても、それが生きる力になるなら、生きている実感があるはずである。

おいしいものを食べ、きれいなものを着れば、生きている実感が得られるとうそぶく人がいる。そんな言いぐさはことばの意味（ロゴスのもつ論理）からしてありえない。何日も食べていなくても、生きてさえいれば生きている実感はあるはずだからである。病気で寝ていても「生きている」ことは事実である。

つまるところ、さまざまな身体のはたらきが異常であっても、「生きている」という状態は健康なときといっさい変わらない。しかし病気でいるときや空腹でいるときを、欲望の満足と言うことはできない。

したがって、生きている実感は欲望の満足とは異なる。個々の知覚作用とも異なる。また「考える」という精神のはたらきがあるかどうか、ということとも異なっている。

そうであれば、生きているという実感は何に期待できるのか。

4　結論の予想

さて、「生きている」という実態があるにもかかわらず「生きている」という実感がないという事実があることをまず認めよう。そうであるなら、その理由は明らかに、その事態を受けとるはずの精神に何か障害があるからだという結論に、わたしたちは行き着くほかない。これは論理的に明らかである。ということは、その障害がなくなれば、生きているという実感が獲得されるはずである。

では、精神にその障害がない状態とはいかなるものか。

それはおそらく精神が、「生きている」という実態を「そのままに」「まっすぐに」受けとっている状態であろう。つまり実態を「何か特別な仕様で加工して受けとっていない」状態である。その精神の状態は、何か科学技術や哲学の専門知識を身につけた特別な状態ではあるまい。

むしろ精神が「生まれたままに」「あるがままに」「素直に」自分の生きている実態を受けとっている状態である。そうできないのは、精神がみずからのうちに「何らかの障害」をもつからであって、その障害が精神を「素直な」状態から「素直でない」状態に追いこんでいる。そのために生きている実感が得られない。

こう考えるなら、子どもには一般にその悩みが見られないことも説明がつくだろう。子どもにはそういう障害が起きていないから、何か問題にぶつかって辛いことがあるときも、反対に何もかも忘れて楽しく遊んでいるときも、生きている実感までは奪われない。

言うまでもなく、大人から見ても問題となるような事態が発生すれば、子どもであろうと深刻な悩みに陥る。希望を失い、自殺まで引き起こす。しかし問題が解決されれば悩みは解決される。だからその悩みは、生きている実感がないという内なる悩みではない。何らかの仕方でほかの人間がたすけようとすれば、たすけられる問題である。生きている実感がないという悩みは、それとは別である。

しかし、そうであるなら、子どものころにあった精神の素直さを何かがこわしているのである。だが、それはすぐ「これだ」と言えるほどわかりやすいものではない。

「素直でない」性格の子どもがいたとしよう。その子は自分が素直でないことの原因を、直接に「痛み」としては感じていないだろう。素直でない子が素直になっても、何かの痛みが消えたとは聞かない。他者から褒められたら喜ぶだけだろう。

したがって精神の素直さを壊すそれは、少なくとも「これ」といえる特別な知覚を覚えるようなものではない何かでなければならない。とすれば、それは精神のうちにあって、直接には心に痛みを与えないものである。

もしそういうものがあるとすれば、それはたとえば「考え」であり、何らかの「イメージ」であり、「知識」であり、それを組み立てなおしてつくられるもの（真理文）といったものであろう。

ところで「痛み」ということばを使っているが、痛覚があっても、知覚はそれを伝えるものであって知覚自体の痛みというわけではない。あるいは、知覚作用から知られたことから何かを想像しても、それ自体は痛みではない。「心が痛む」という表現はあるが、その実態はむしろ「悲しみ」とか「辛さ」であって、本来の痛みではない。いずれにしろ、子どものころの精神がもっていた素直さをこわすものは、知覚作用そのものではないはずだから、痛みを含めて、直接の知覚作用以外のものを原因として考えなければならない。しかも、それは心の素直さを壊すものなのだから、心の内側にあるものでなければならないはずである。

とりあえず思いつくものは、広い意味での「想像力」しかない。広い意味というのは、たとえば「知識」も一般に何らかの想像力によって組み立てられているからである。

個別の知覚経験をもとにして、ときにはすでにもっている知識とも併せ、想像力を加えて組み立てられるものは、個別の知覚作用とは別ものである。しかし精神が想像したものであろうと、精神が経験したものには違いないから、知覚作用と同等の効力を精神作用に及ぼすと考えることができる。精神自体は内的なものだから、外から来たものと内から来たものを生来的に別々のものとして受けとるようにはなっていない。

プラトン派の哲学者は内的なものを重視し、内的なもののほうを真実（実在）と考える。他方、いわゆる現実主義者は、精神が正常ならば現実の感覚のほうが精神に大きな影響を与えると主張する。しかし現実主義者の主張を鵜呑みにすると、若者が生きている実感がないという主張が事実として認められなくなってしまう。現実を知覚することについては、若者も子どももとくに違いはないと考えられるからである。

したがって想像したことがらも、外からの（個別の）知覚作用と同等の影響を自分の精神に与えうると考えたほうがよいだろう。

外からの知覚作用と内部の想像作用が精神に与える影響の大きさについては、たとえば、人間にとっての「国家」――わたしにとっては具体的には「日本」――の根幹は、「知覚された現実」なのか、「現実化された想像」なのかを考えてみてもよい。国家の根幹は知覚された現実だと考える人は、自分が日々現実に「国家」の影響を受けているのは事実だ、と言うだろう。他方、「国家」を現実化した想像にすぎないと考える人は、「国家」は見知らぬ者同士のあいだでも成立する「共同幻想」によっているにすぎない、と言うだろう。

実のところ、「日本」という国家は自分が知覚できる現実のなかにはない。それは人為的に設定された国境に囲まれた領土を基本にし、そのなかに住む国民（国籍をもっている人間）をまとめ、防衛や経済運営やインフラ整備を含めて、生活に必要なことがらを遂行するために、多くの約束ごとのもとに営まれているものだからである。したがって国家の根幹部分は人間の話し合いであり、人間による空間の線引きであって、「見えない」し「聞こえる」ものでもない。

たとえば、国民のためだと言いつつ、現実には一部の人間の利益のための政治が行われている可能性はある。このような活動を自然から人間が受けとる所与の現実と考えてよいものだろうか。そういうものとして知覚するほかないだろうか。

そんなことはない。それはむしろ人間がつくったものであり、人間の想像力が生みだした理念にもとづくものと考えるのが正しいだろう。もし国家が身近に知覚できる何かの「もの」であるならば、国家が憲法という人間のことばをよりどころとして成立し、しかもその憲法は修正可能だなどということはありえないに違いない。

国家が想像力によるものであり、その国家が国民生活の大半を規定していると認めるなら、想像力が結果として個々の人間の精神にも大きな影響を与えていることは明らかだろう。つまり想像力によるものであっても、何がしかの前提が人々に共有されて「そのように考えるほかない」ものは、わたしたちの行動を決定する。法律は国民がみなで決めたもの（ということになっているの）だから、それにしたがって行動しなければならない。そう考えるほかないから、みなそのように行動する。その結果、国家の組織も成立するし、国家組織によってわたしたちの生活も規定される。

このことに思いを致せば、想像と外部知覚を比較して、どちらのほうが精神への影響が大きいかなどと考えても無駄ということがわかるだろう。

5　想像力と精神

これまでの考察を簡単にまとめてみよう。

外部感覚を通して得ている知覚とそれにもとづく想像が、精神（普遍的知識をもつ心）を形成している。わたしたちの心を簡略に説明すればそうなる。外部のものを知覚し、それを材料にして心のなかでことばによって外部の状態を表現し、自分の精神世界を構成している。それをそのまま他者に伝えることもあるし、意図的にかどうかは別として、それを加工して他者に偽りを伝えることもある。知覚されたことがらを材料にしてそれを加工する能力を想像力と呼べば、知覚した内容だけでなく、想像された内容も自分の精神に影響を与える。

真理文を形成して科学知をもつのも想像力を基盤にしている。いきいきした文章を構成して文学作品をつくるのも想像力が基盤である。

科学は想像ではなく事実だと抗弁する人がいるかもしれない。しかしその人は、科学は事実の写し取りにすぎないと言うのだろうか。そうであれば、科学の進歩をどのように説明するのだろうか。というのも科学の「進歩」とは「誤りの訂正」のことだからである。

そもそも科学に誤りが起こりうるためには、科学は事実を写し取ったものではなく、人間が事実を理解するための理論的加工であることを認めなければならない。加工を可能にするのは、知覚よりも想像力である。

アインシュタインが一般相対性理論を考案したことでニュートンの万有引力の法則の世界観を変えたのは、何よりも重力によって空間が曲がるという発想だったといわれる。

アリストテレス以来、物理的な力は「接する」ことによってはじめて伝わるとされていた。しかしニュートンは、引力だけは「離れた」もののあいだで伝わるとした。たとえば、距離的に離れている太陽の引力によって地球は太陽のまわりを周回していると説明したのである。

アインシュタインは、重い物質は「接する」空間を曲げることで、距離的には離れた物質（これも空間にある）の運動に影響を与えると説明した。これは考えようによっては、アリストテレスの原則「物理的な力は接するものにだけ伝わる」を変えずに天体の運動を説明することに成功したともいえる。

このような科学理論の発達に見られるのは、科学が事実を写し取るのではなく、新たな発想をたえず導入する「真理の想像」であることを示している。

考えてみれば、文学とて人間の本質的現実を描こうとしてできるものであるからには、何らかの事実を描いている。事実を描くために想像力が必要なのである。

自分の目の前にある事実に追われて生きるだけの人は、知覚だけが精神を形成していると言ってはばからないかもしれず、若者が生きている実感がないと言っても「どうかしている」と思うだけだろう。しかしすでに述べたように、生きているという実感と個別の知覚は別のものである。知覚だけが「生きている」という感覚のすべてではない。

だから、わたしはつぎのように考えたい。

わたしたちは外界の知覚をもとにして「ことば」をもち、他者の「ことば」を理解する。また外界の知覚をもとにし、想像力によって「文」を構成する（知識を構成する）。それにとどまらず想像力は、知覚した記憶がなくても、さまざまに知覚した内容を構成しなおして、あらたな知識の可能性をひらくことができる。このとき精神はそれを「善く」行うこともあれば「悪く」行うこともある。善いか悪いかの判別ができているときもあればできていないときもある。

精神が想像力を駆使して知識を構成するとき、それを「善く」行うための条件として、「素直さ」があると考える。外界を知覚した内容を精神が素直に受けとること、そして自分の想像力のはたらきを素直に受けることである。つまり外観と内観の両方に対して、心は素直であることが必要なのである。さもなくば、自分のなかにある「偽り」や事実の「歪曲」に気づくことができない。それに気づくためにはさらにもうひとつ、それらに対して注意を向けること、すなわち「配慮する精神」が必要となる。

つまり第一に「素直である」こと、なおかつ第二に、それに対して「関心をもつ」ことが必要である。そうでないと、精神は自分で自分にだまされるかもしれない。哲学が行う知の吟味は、まさにそれに対する有効な対処法なのである。哲学は自分の知についての関心から出発する。その知が欺瞞か否かを吟味する。

自分の精神状況や精神活動に対して無関心であれば、だます者もだまされる者もどちらも同じ無自覚な自分なので、だまされていることに気づくことはできない。そのとき人はその原因を無意識に外部に求め、攻撃的になる。不満が生じていらいらする。自分が生きているという自覚が得られなくなる。その原因は、自分が無自覚のうちに誤った想像をして、誤った知識を受け入れ、いつのまにかものごとを素直に受けとる力を歪めてしまった結果なのである。

6　アンセルムス神学における真理

アンセルムスの哲学は、アリストテレスをボエティウスを通じて断片的にしか知らない時代の哲学である。むしろストア哲学のほうがずっとよく知られていた。またプラトン哲学は、アンセルムスにはそれほど大きな影響をもたらしていない。アンセルムスはストア的な日常話法で自分の哲学（知の吟味）を進めた。

アリストテレスでは、理論的（観想的）学問と制作的学問と実践的学問が分けられ、このうち理論的学問が哲学においても第一の学問（もっとも厳密に正確さを期すことができる学問）として扱われる。実践的学問は、人生経験における年月と個人の能力が影響するために、数学や幾何学にあるような厳密さが要求できないからと、一段下に見られる。

アンセルムスは『真理論』に見られるように、理論的なものも実践的なものも真理の基準は同じと考える。つまり真理性に優劣はないとする。言い換えれば、アンセルムスにおける「真理」の意味は、あらゆる専門性を超えた人間理性一般の地平において検討される。

その真理の基準についてアンセルムスは、まず専門家にならって思考の真理と意志の真理を分けたうえで、思考の真理について、つぎのように論じて結論を出す。

思考の真理は何だと考えるか。……思考の真理とは、その正直《せいちょく》である。在るものを在ると、無いものを無いと、わたしたちは考えるように、何かが在る、あるいは、無いと考える力が、わたしたちに与えられている。したがって、在るものを在ると考える者は、考えなければならないように考えており、その思考は正しい。もし思考が、在るものを在る、無いものを無いと考える場合にのみ真であり、正しいのなら、思考の真理とは、正直《せいちょく》のほかの何ものでもない。(『真理論』三、古田訳)

ここに出ている「無いものは無いと思う」ということばを聞いたなら、ソクラテスの「知らないことは、知らないと思う」ということばが思い起こされるべきだろう。じっさいその論理には一致が在る。たしかに「知る、知らない」という特殊性がアンセルムスの言にはないが、

「知」に関して「無いものを無いと考える」ことは、ソクラテスから見れば、まさに「知らないことを知らないと思う」ことである。

さらにアンセルムスは言う。

意志の真理をどのように理解するか……それは正直《せいちょく》以外の何ものでもない。意志が与えられた目的に従って意志すべきことを意志しているかぎり、それは正直と真理のうちに在った。他方、意志すべきでないことを意志するとき、それは正直と真理を逸脱したのだ。意志の真理も正直も、意志すべきことを意志すること以外の何ものでもない。だから意志の真理は正直であるとしか理解できない。（『真理論』四、同訳）

悪を行うことと真理を行うことが相反するなら、真理を行うことと善を行うことは同じである。善を行うことは悪を行うことの反対だからである。それゆえ、真理を行うことと善を行うことは、同じ対象と対立しているのだから、両者の意味は同じである。しかし、一般の意見は、なすべきことをなす者は善を行い、正直《せいちょく》を行うという意見である。それゆえ、正直を行うことは、真理を行うという結論となる。真理を行うことは善を行うことであり、善を行うことは、正直を行うことであることは、明らかである。それゆえ、行為の真理が正直であることは、疑いない。（『真理論』五、同訳）

すでに述べたように、アンセルムスは思考上の真理と行為の真理を分けて考えるが、ソクラテスは分けない。理性で考えていることにもとづいて人が行為するなら、思考と行為には一致があるからである。言うまでもなく思考に誤りや不正があるなら、思考と行為のあいだにも一致は期待できない。しかしソクラテスは、人が理性をもって行う行為を問題にしているのだから、思考上の真理と行為の真理をわける必要はないのである。したがってアンセルムスが思考の真理と行為の真理を両方とも正直《せいちょく》と言うとき、ソクラテスの哲学との一致は明らかである。

いずれにしろアンセルムスは、どの真理も「正直《せいちょく》」にあると結論している。「正直」はラテン語の「レクティトゥド（rectitudo）」の訳語である。『アンセルムス全集』（聖文舎）を訳した古田暁がこれを、「正直」と訳し、「せいちょく」と読ませた。もとのラテン語は、「まっすぐなこと」を意味する。それゆえアンセルムスの「正直」は「まっすぐな心」を意味している。言い換えれば、日常の知を含めたあらゆる知識の真理は、知識を受けとる「心の正直」「まっすぐな心」にあるということである。

この結論は、わたしが見いだしたソクラテスの「無知の自覚」の理解と一致する。ソクラテスの無知の自覚も「理性がまっすぐであること」を意味する。この両者の真理観の一致、つまり道徳的な善美と思考上の真理を同一の「正直」「心のまっすぐさ」で説明するという一致は、たんなる偶然ではあるまい。

ともあれ、まずはアンセルムスにつながったソクラテスの「無知の自覚」について明らかにせねばならない。なぜならわたしの解釈は、プラトンの解釈とは異なっているからである。

言うまでもなくプラトンは一般に、ソクラテスに親しく接していた天才的な哲学者と目されている。だから、ソクラテスの哲学の「無知の自覚」についても、プラトンは間違いない解釈をしているというのが、専門家を含めた一般の理解である。そしてプラトンによれば、ソクラテスのいう「無知の自覚」は真実の知の愛求を始めるための出発点である。無知を自覚することによって、人は真摯に知を愛求すると考えるのである。

これだけを聞くならば、プラトンの解釈に何の疑問もおぼえることはないだろう。かつてのわたしもそうだった。ところがある出来事によって、わたしは意見を変えることになったのである。

7　『プラトン全集』を読む

もはや四〇年近くも前になるが、大学院の博士課程に進んだわたしは、修士課程以来自分の専門分野であるドゥンス・スコトゥスの哲学の研究をつづけながら、岩波書店が『プラトン全集』を新たに予約販売すると聞いて、刊行されるごとに一巻ずつ買って読んでみることにした。じっくり読むと推理小説のようなおもしろさがあって、新しい巻の刊行が楽しみになった。

プラトンは作品の登場人物を通じて、ことばの概念内容を純粋化し、その関係をさぐってみせる。さまざまな概念があるが、それらはときに「含む」「含まれる」という関係にあるかと思えば、相互に矛盾する関係にあったりする。あるときは両立するのに、あるときは矛盾する。ふたつの概念どうしでは矛盾がないと思われたのに、第三のことばが加わったとたん、矛盾が明らかになる。これをさまざまな概念で探究していく。ここが推理小説じみているのである。

答えがないことにじれったさを覚える読者も多いが、複数のことばがもつ概念どうしの関係に興味がもてれば、プラトンの作品はとてもおもしろい議論を展開している。

それまでのわたしは、個々のことばの意味がさまざまに生かされる日本の詩歌の世界には興味をもっていたけれど、端的な論理として複数の概念どうしの関係をさぐるおもしろさを感じたのは、このときがはじめてだった。

「それがどうした、ただの観念論ではないか」と言われれば、その通りではある。しかし少なくとも古代においては、幾何学の研究ですら、天体の研究と同じく何の役に立つかわからない代物だったのである。プラトンは数学研究をしていたピュタゴラスの学徒に哲学を習った人であるから、ことばのもつ概念を実体として扱う自分の研究も、数を実体として扱うピュタゴラス学派の研究と同じようにむしろ高貴なものであって、低俗な連中にわかってもらえなくてもかまわないと思っていたに違いない。

プラトンの哲学作品が描く「概念相互の関係」の研究にたいへん興味を惹かれたわたしは、初期の作品から後期の作品まで――『パルメニデス』や『法律』は途中で挫折したので、ぜんぶとはいえないが——手あたりしだいに読んでみた。いくつかの作品は実におもしろく、なかでも『ゴルギアス』『ソピステス』『ピレボス』などは何度もくりかえし読んだ。長編の『国家』も、人間理解に満ちた説明が随所にあってなかなか興味深かった。

ところが、こうしてプラトン作品に親しんでくると、以前少しだけ不思議だった作品が、ますます不思議に思えてくることになった。『ソクラテスの弁明』（以下、通例にしたがって『弁明』と略する）という作品である。プラトン研究の大御所たちの見解は一致してプラトンの代表作とする。この作品の大ざっぱな説明は読む前に何度も聞いていたし、それを踏まえて作品を読んだのだが、いくら読んでも内容が心にストンと落ちてこない。

わたしは『プラトン全集』を読んだのだから、前よりいくらかはわかるようになったはずだと言い聞かせて、ふたたび読みなおしたのだが、あいかわらず言っていることがわからない。ほかのプラトンの作品については、たとえば『パルメニデス』なども日増しに読めるようになった。しかし『弁明』だけは読めば読むほどわからない。『プラトン全集』全体の読破もまもなくという時期になっても、『弁明』の理解だけはいっさい進歩がないのである。

わたしはついに腹をくくった。専門家たちの説明をいったん頭から追いだして、まったく白紙の状態で『弁明』を読むことにしたのである。

8 『ソクラテスの弁明』を読む

驚いた。わたしがそこに見つけたものは、プラトン作品をつらぬいている論理とは、まったく別のものだった。くりかえすが『弁明』はプラトンが書いた作品であり、当然、同じプラトンの論理で書かれていると一般には見なされている。しかし、わたしにはまったく別人の作品のように見えたのだ。

それがもっとも明白になる箇所は、ソクラテスが弁明のなかで語る「無知の自覚」である。プラトンは『ソピステス』で、「無知の自覚」を、おのれの無知を知り恥じ入ることで知の探究に向かうことと説明している。このプラトンのことばは、日本でいう「聞くはいっときの恥、知らぬは一生の恥」ということとわざにも通じていて、一見わかりやすい。わかりやすいだけに疑問をもたずに大多数の人が納得する。わたしもかつては納得していた。

ところが、プラトンの他の作品を読んでいるうちに、わたしはこの説明に矛盾を覚えた。知らないと知ることによって、知らないままでいることを「恥」と感じ、「恥」と感じることによって知らないことを知ろうとする（つまり知を愛求する）とプラトンは考えている。このプラトンの説明の論理がわたしにはどうしても腑に落ちなかった。

日本では「知らない」という「恥」は、たしかに知ろうとする大きな動機になるかもしれない。じっさいわたしは「知らないと恥ずかしいから勉強するように」と学校で教えられた記憶がある。

しかしこれは日本の学校教育の論理であって、ヨーロッパの哲学の論理では、恥の感情は知性を動かす動機としては小さすぎる。なぜならプラトンによれば、知性に生きようとする哲学者にとっては、感情がもつ揺さぶりを無視し、ことばの論理に忠実に生きることこそ大切だからである。

「恥ずかしいから勉強する」という理屈は、他者の視線を意識し、他者の視線にしたがって生きるという、いかにも日本人的な生き方である。これが独立心旺盛なヨーロッパの哲学者の生き方であろうか。ギリシアの哲学者ソクラテスが本当にそんなことを言ったのか。わたしの心には疑問符が山程湧いた。

そもそも「それを知らないと知れば、それを知ろうとする思いが本物になる」というのは、人間が生きるうえでの一般原則として「正しい」のだろうか。もし正しいとすれば、たとえば「自分はじっさいに人を殺したことがない。だから人を殺すということを本当には知らない。だから現実に人を殺して、それがどういうことか知りたい」という考えにも一面の真理があるとせねばならない。これを正当とすれば、「人を殺してみたいから」というのでじっさいに行動をはじめる人間は、無知を自覚して知を追求する哲学的な人間であろう。このように考えて人を殺した事件は現実にも起きている。

概念を日常から解き放ち、純粋に、あるいは、単純に、ことばの論理を探るプラトンの論理では、「人を殺してみたい」「子どもをいじめてみたい」という歪んだ欲望と「知らないがゆえに知りたいと思う」という論理とが結合し、「現実に人を殺してみる」とか「現実に子どもをいじめてみる」ということを実行したとき、はたして悪だと否定できるのだろうか。知らないことを実体験で知ろうと試みているだけではないか。

それに人はじっさいに体験しなければ、それを知る（体験する）ことができないのはたしかである。だとすれば、「知らないことを理由に知ることが求められる」という知の愛求の論理は、悪の正当化に荷担する原理になってしまう。そもそも知らないのだから、それが善であるか悪であるかも知らないはずであり、善か悪かわからないことを実行しても悪と断定できないということになりかねないのである。

こうした疑問がぬぐいきれず、「無知を恥じる」というプラトンの論理でソクラテスの「無知の自覚」が説明できるとは思えなくなった。

そこでわたしは気持ちを一新して、『弁明』のことばを一語一語見落とさないように努め、そこで出てきた疑問は疑問のまま無理に納得しようとせずに心にとめて、じっくりと読み進めてみた。自分があらかじめもっている知識で『弁明』のことばを解釈することをやめたのである。

すると「わたしは自分が、大小いずれにしても、知恵のあるものではないのだと、自覚している」（田中美知太郎訳、21B）という陳述を『弁明』のなかに見つけたあとすぐに、「知らないことを知らないと思う」という、それまで素通りしていたことばに出合った（21D）。

知らないことを知らないと思うのは、あたりまえのことである。あまりにもあたりまえすぎて、それまで特に考えもせずに読みすごしてきた。別に特別なことではないと思っていた。そう思っていたからこそ、プラトンが言うように、これはあくまでも素朴な出発点であって、そのあとに「善とは何か」「真理とは何か」という知の愛求が始まり、そこから本格的な哲学が始動するのだと信じきっていた。

しかし、素のままで『弁明』のことばを読んだとき、「知らないことを知らないと思う」ということばが妙に心に引っかかった。「知らない」をくりかえすこのことばは、「知らない」を二度くりかえさなければならない何か特別の意味があるのではないだろうか。

それというのもこの部分は、『弁明』のなかでソクラテスがおそらくもっとも重大視した問題について語っている場面だったからである。ソクラテスは、「そのことで」原告側の証人であるアニュトスと自分は違うと言っている（21D）。

では、まったくあたりまえと思われるそのことばの意味は何か。

プラトン以来の解釈の伝統のなかで、ただひとり別の解釈を探すのはつらい作業である。もちろんわたしはこの作業についてだれにも話さず、ただ自分の心のなかで秘密裡に行っていたのだから、失敗してもだれにもわからないという気楽さはあった。しかしプラトンの解釈は哲学する者のあいだでは疑いようのない前提とか約束事のようなものだから、それについて疑問をもつことは、かえって自分の間違いに直面するだけではないかという恐怖もあったのだ。

結局『弁明』のその箇所では答えを見つけることはできなかった。わたしはこの疑問を心にしっかりとどめて、『弁明』のその後を慎重に読み進めた。幸い『弁明』は読みものとしてはひどく短いものであり、まもなく答えを見つけることができた。それは大学ではまったく教えてもらわなかった論理であった。

9 「ソクラテスの知」と「アニュトスの知」

わたしはつぎのことばに出会って緊張した。

なぜなら、死を恐れるということは、いいかね、諸君、知恵がないのに、あると思っていることにほかならないのだ。なぜなら、それは知らないことを、知っていると思うことだからだ。なぜなら、死を知っている者は、誰もいないからです。（田中美知太郎訳、29A）

ここには「知らないことを、知っていると思う」ということばが出ている。先に出てきた「知らないことを、知らないと思う」（21D）と同じではない。前半の「知らないこと」は同じだが、後半の「知っていると思う」は、先の「知らないと思う」とは違う。ちょうど反対である。このふたつはソクラテスの弁明のなかで、明らかに対立する、まったく違うものとして扱われる。

この対立は、プラトンのほかの作品ではとりあげられていない。それどころか、デカルトの『省察』やカントの『純粋理性批判』といった、わたしがそれまで読んできた哲学作品のどれにも、こういう対立軸を見た覚えがなかった。

『弁明』のなかで、先に触れた箇所（21D）の前後と今回気づいた箇所（29A）を比較してみると、「知らないことを、知らないと思う」ということばが登場したところでは、その直前に「知らないことを、何か知っているように思う」ということばが「非難すべきことば」として述べられている。つまり「知らないことを知らないと思う」はソクラテス自身のもつ知であり、「知らないことを知っていると思う」は相手方の証人であり、ソクラテスの死を望んでそれを果たしたアニュトスがもつ知なのである。ソクラテスによれば、これらふたつは相互に対立する知であり、まったく「反対の意味」をもつことばである。

では、このふたつのことばは、どういう点で対立しているのだろうか。

前半の「知っている」ということにおいては両者は対立していない。また「知らない」において対立しているのでもない。つまり「知っている」か「知らない」かにおいて、ソクラテスと敵対者アニュトスとのあいだで対立があるわけではない。「知っている」か「知らない」かはたんに偶然的な違いである。一方がよくて他方が悪いのではない。

「知っている」ほうが「知らない」よりもよい、というのでもない。日常経験から考えても、「知っている」か「知らない」かは人間にとって偶然的な違いにすぎない。何か特定のことがらを考えてみても、それをその人が知っているかどうかは、たまたま学校で聞いたことがあるとか、本で読んだことがあるとか、そんな違いである。偶然的なことがらに過ぎず善悪はない。ソクラテスにも知っていることと知らないことがあるし、アニュトスにも知っていることと知らないことがある。まったく同等である。

したがって、ソクラテスとアニュトスの知の対立は「知っている」か「知らない」かにあるのではない。そうではなくて、「知らない」か「知っている」かのいずれかの状態において、「知らないと思う」か「知っていると思う」か、どちらだと「思う」か、という点に両者の対立がある。

「知らないこと」を「知らないと思う」に結びつけるか、あるいは「知っていると思う」に結びつけるか、その点においてふたりは対立している。しかも一方は正義の人、他方は不正義の人である。

10 「無知の自覚」と死の怖れ

いま問題にした箇所につづいて、つぎのように言われている。

ひょっとすると、それはまた人間にとって、一切の善いもののうちの、最大のものかもしれないのに、彼らはそれを恐れているのです。つまりそれが害悪の最大のものであることを、よく知っているかのようにだ。そしてこれこそ、どうみても、知らないのに、知っていると思っているというので、いまさんざん悪く言われた無知というものに、ほかならないのではないか。（引用同じ、29A-B）

ソクラテスは死刑を求める裁判に被告として引っぱりだされている。ソクラテスの死を求めているのはアニュトスである。そのため、ソクラテスはこの箇所で「死」を問題にする。死を知らないことについては、人間だれもが同じである。生きている者はまだ死んだことがない以上、だれも死を知らない。これほどあたりまえのことはない。

しかし死を知らないという事実に対して、多くの人間は、ソクラテスのように「知らないと思う」のでなく、アニュトスのように「知っていると思っている」と言う。ソクラテスによれば、この点でまさに自分には知恵があり、アニュトスをはじめとする多くの人には知恵がない。そして、このように「死について知っていると思う」ことこそが、さんざん悪く言っている「無知」だ、と彼は言うのである。

11　理性のはたらきを暴くソクラテスの論理

死を知らないという事実に対して、「事実そのままに知らないと思う」のであれば、死を恐れる理由は見つからない。「だから、わたしは死を恐れない」とソクラテスは言う。

一方アニュトスのような人たちは、死は害悪のなかでも最大のものだと「知っていると思っている」。だからアニュトスたちは死を恐れる。また、だれもが死を恐れているとアニュトスは思っている。だからこそ、日頃自分たちを呼びとめて「正義を知っているか」と詰問するソクラテスに対して、「やめなければ、おまえを死刑にするぞ、ソクラテス」と脅すのである。

彼らは死を「知らない」にもかかわらず、最大の害悪だと「知っていると思っている」から、死によってソクラテスを脅すことができると考えている。しかしソクラテスは死を恐れていない。なぜなら死を知らないし、死を知らないことを自覚しているからだ。

つまりソクラテスにはつぎのような論理がある。じっさいに知っているか知らないかは別として、あるものを「Xと思っている」人は、それを「Xと自分は知っていると思っている」。これはプラトンにはない、ソクラテス独自の論理である。

ソクラテスは単純な「自分は思っている」という文に、「知っている」か、「知らない」ということばをはめこむことで、人が無自覚に行っている理性のはたらきを自覚できるように暴きだしているのである。

「知る」はまさしく理性のはたらきである。しかし「思う」は、しいていえば、意志のはたらき（主観的な信念）の表明にすぎない。後者は理性の分析に適合しない。第三者から正しいとか間違っているとか（客観的に）言いただすことはできない。「俺はそう思っている。何か文句はあるか」とすごまれれば引き下がるしかない。「思っている」ことの表明は自己主張にすぎない。

一方、「知る」ということばの場合は理性の独壇場である。「知っている」と言えば、「それが真実である」という主張を含む。理性はその「真偽」を客観的に問題にすることができる。「知っている」という主張は、真であるか偽であるか、理性による吟味の場に引きだすことができる主張なのである。

ソクラテスはつぎのように考える。ある人が何かについて「Xだと思っている」と言ったとしよう。そのときその人は、たんに「Xだと思っている」だけではなく、じつは「Xだと自分は知っていると思っている」。反対に、それを「Xだと思っていない」ときは、その人はそれを「Xでないと自分は知っていると思っている」か「Xであると自分は知らないと思っている」かのいずれかである。

このように「知っている」という理性のはたらきを示すことばを入れこむことで、この「知っていると思っている」は、何かを実際に「知っている」とは別ものであることが暴かれる。

じっさいに「Xと知っている」から「Xと知っていると思っている」のか、じっさいには「Xとは知らない」にもかかわらず「Xと知っていると思っている」のか。どちらも「Xと知っていると思っている」には違いないが、一方は実際に「Xと知っている」うえでのことであり、他方は「Xと知らない」ままに、である。両者はまったく別の理性である。

したがって「じっさいに知っていること」に「知っていると思う」を結びつけるか、「知らないと思う」を結びつけるかで、ふたつの場合が区別され、また「じっさいに知らないこと」に「知らないと思う」を結びつけるか、「知っていると思う」を結びつけるかで、ふたつの場合が区別される。こうして、都合、四つの場合が区別される。四つのうち「知らないことを知らないと思う」と「知っていることを知っていると思う」は、前後が整合的である。他方、「知らないことを知っていると思う」と「知っていることを知らないと思う」は前後に矛盾がある。

そして論理的に見て、前者のふたつは「真」、つまり「正しい」。なぜなら「AはAである」と言っているだけだからである。他方後者は「偽」、あるいは「不正である」。なぜなら「AはNOT-A」であると言っているからである。

12 理性の真偽と善悪の行為

ところが、わたしたちにとって、このソクラテスの論理がもつ意味は、論理的に恒真であることにとどまらない。「知らないこと」を「知らないと思う」というのは、自分が「知らないこと」に対して、自分の「思うこと」が「そのまま」であり「そのとおり」であることを意味している。知らないことを「率直に知らない」と思うことであり、知っていることを「率直に知っている」と思うことである。それは自分が心にもつ「思う」が、自分の実際の知と不知に対して「率直である」ということである。

わたしたちはすでにアンセルムスの「真理」が「正直《せいちょく》」であることを見た。思考の正しさは思考の「正直」であり、意志の正しさは意志の「正直」であり、行為の正しさは行為の「正直」であった。中世のヨーロッパには『弁明』は伝わっていなかったため、アンセルムスは『弁明』を読むことができなかった。しかし彼は、ソクラテスに淵源する哲学をストア哲学を通じて受けとり、ソクラテスの精神をみずからの哲学のうちで確実に再生したのである。

また、アンセルムスは『選択の自由について』で、自由という実践的原理を「正直」があるかないかによって説明している。つまり意志の正直が意志の真理であり意志の自由である。アンセルムスにおいても「まっすぐ」であることは、理論的なことがらに関してのみいわれる「真理」ではなくて、実践的なことがらについても言うことができる「真理」なのである。

したがって、ソクラテスの「知らないことを知らないと思う」の真理が、「知らないこと」を「まっすぐに」（正直《せいちょく》に）「知らないと思う」であり、同時に、その思考の論理に即して欲求をもったソクラテスは、行動においても正義の人であったことが、アンセルムスのことばによって明らかとなるのである。

「知っているか、知らないか」ではない。「知っていると思うか、知らないと思うか」でもない。そのあいだをつなぐ「まっすぐ」か「まっすぐでない」かが、真理と非真理を分け、正と不正を分ける。たとえ生命に関わるようなことであっても、その真理は実践的に正しい判断を導くものであるとソクラテスは『弁明』で述べる。正しい行動がたとえ死と隣りあわせであっても、死のことなど少しも考えずに（知らないのだから）、不正を選ばず正しい行動を選ぶ。理性によってこのような判断をするソクラテスは、必然的に勇気ある行動、すなわち有徳な行動を選択するのである。

13　ソクラテスの知恵を引き継いだアンセルムス神学

ソクラテスは「このちょっとしたことが」他の人がもたない自分の「知恵」であり、神託を通して神が認めた「知恵」だと述べる（21Ｄ）。

したがって、ソクラテスが弟子たちに勧めていた知恵とは、自分が知らないことに対して「まっすぐに」なる知恵であって、知らないことを「恥じる」知恵ではない。この知恵はアンセルムスにおいて、キリスト教神学のうちに生かされた。

ただしソクラテスの知恵は「知っていること」のすべてについての知恵（「まっすぐである」こと）であるに対し、アンセルムスの知恵（「正直」）は信仰、すなわち「信じていること」についての智慧である。したがってアンセルムスの知恵は信仰の問題に限られ、ソクラテスほど十分な知のレベル（理性的議論に耐えられる内容）が望めない。アンセルムスの神の存在証明は近現代にまで影響を与えたのに、そのほかのテーマ（信仰の問題）については、アンセルムスが大きな権威をもっていたのは中世に限られるのは、おそらくそのためである。

「信じる」とは「わたしは信じていると思う」ということである。ソクラテスの論理に当てはめれば、じっさいにそれを「信じている」ものが「信じていると思う」なら、その信仰は正しい。じっさいには「信じていない」ものが「信じていると思う」なら、その信仰は正しくない。

ソクラテスは、自分の霊的経験（ダイモーンの諭し）があるので「神がいると信じている」。信じているから信じる暮らしをしていた。たとえば、ソクラテスはアテネ市の宗教の規定にしたがって神に犠牲をささげてきた。死の直前にアスクレピオスに鶏を捧げるよう友人に頼んだのは、有名な話である。つまり信仰に関しても、ソクラテスは「信じている」なら「そのとおりに信じている」暮らしをするのである。

ソクラテスは『弁明』の最後のほうで、死刑の脅しを受けても自分は神を信じているから「人を呼びとめて詰問し、無知を自覚させる」という神から受けた使命をやめるつもりはないと言う。そしてアニュトスのように無知を自覚しない知をもつ人たちは、ソクラテスの生き方を「からとぼけ」だと思うだろうと言う（38A）。つまり無知を自覚しない者は、信仰もそのとおりに受けとらないので、信仰をそのとおり誠実に受けとっている人の生活はとぼけたものに見えてまじめなものとは理解できないだろうと言っているのである。

神を本当に信じているかどうか、ソクラテスの知の吟味はやはり調べるのである。本当に信じているのであれば、しなくてはならない行動というものがある。信仰は心の内側にあって外から見えないものではなく、心がまっすぐならその信仰は外に、つまりその人の行動に現れるとソクラテスは考えている。

このようにアンセルムスの精神は、信仰を問題にしたソクラテスの精神と対比されるとき、よりはっきりすることがわかっていただけると思う。

なお、アンセルムスの精神は比較的健全で良識的であった。当時の教皇ウルバヌス二世（在位一〇八八-一〇九九）が全ヨーロッパのキリスト教徒に、エルサレム奪還をめざす十字軍への参加を呼びかけたとき、アンセルムスは十字軍には参加しないように指導したといわれている。

14　ソクラテスの哲学が『弁明』に記録されたこと

以上のように、ソクラテスの独自な知恵のなかにすでに、アンセルムスの「正直《せいちょく》」、「まっすぐさ」、言い換えれば「素直さ」が見いだされることがわかる。それは、ソクラテスの知恵が中世のアンセルムスに伝わっていたことを意味する。

しかし、このソクラテスの知恵が直弟子であるはずのプラトンには伝わっていないのはおかしい、と思う読者の方も多いだろう。プラトンはソクラテスを直接知っていたからである。あるいは、プラトンが『弁明』の著者である以上、プラトンの考えが書かれているはずであって、ソクラテスの考えが書かれているはずはない、と思う読者もいるかもしれない。それも無理からぬことである。わたしが同じ判断に至らないのは、プラトンが「書いた」ものであっても、プラトンが「考えた」ことではないことはありうる、と思っているからである。

わたしは昔、親の人間関係のおかげで日本の哲学研究者があまり手にとらなさそうな本を読んでいた。文化人類学者レヴィ・ブリュルの『未開社会の思惟』（山田吉彦訳）である。この本は、未開社会の人間は文明社会の人間と比べて、非常に記憶力がすぐれていることを報告している。そのため彼らの言語も、記憶に頼るような複雑な文法をもっているという。ヨーロッパの言語でも、古典ギリシア語やラテン語は、近代語と比べて複雑で記憶をより多く必要とする複雑な文法をもっていることを考えれば納得のゆく話である。

そのことを念頭に置いてプラトンの作品を読むと、だれかがソクラテスの会話を逐語的に覚えていて、それを別のだれかに長い時間をかけて話してきかせるという設定が散見されることに気づく。プラトンの時代には、数時間にもわたる他人の会話を、要約やあらすじではなくて、発話どおり逐語的に憶えてしまう人間がさほど珍しくなかったということであろう。現代ではなかなか信じられないことだが、プラトンが残した作品から、そう考えられるのである。

文芸作品は同時代の読者を想定して書かれる。もし数時間にわたる会話が一言一句記憶され、口頭で他者に伝えられるということが、その時代の読者にとって荒唐無稽な代物であったならば、それを作品の出だしに書いているプラトンは、作品は荒唐無稽な内容だから、よもや事実だとは思わずに読んでほしいと思いつつ書いたはずである。

ところが、たとえば『テアイテトス』は、ソクラテスが何時間にもわたるテアイテトスやそのほかの人々との会話を覚えていて、あるときソクラテスがその会話をエウクレイデス（英語でいえば「ユークリッド」）という人物に話し、エウクレイデスが自分の家に帰ってからその話を思いだして書きとめ、また、そのときは忘れていたことを別のときに思いだしては書き足して、ほぼ会話の全体を書きとめたものを、ソクラテスが亡くなってほぼ四〇年後、自分と友人の面前で家の者（奴隷）に読みあげさせる、そんな設定をそもそもの「はじまり」とする作品なのである。

本文の「はじまり」は読者がはじめに読む箇所であるから、「はじまり」が荒唐無稽なら残りもすべて荒唐無稽だということになる。しかし、読者に荒唐無稽な内容だと受けとってもらおうと思ってプラトンがこの作品を書いたと考えるのは、それこそ荒唐無稽である。ソクラテスとテアイテトスの会話はおふざけの喜劇ではなく、知識とは何かというごくまじめな内容だからである。

ということは、当時の人にとって、たとえ数時間にわたる会話であっても、まるでＩＣレコーダーに記録されるように人間の心に記憶され、それが単純にそのまま文字に書き記されることは、不思議でも何でもなかったのだろう。

ソクラテスの裁判をプラトン自身が傍聴していたことは、『弁明』自体に出てくる。したがって、この作品を手にした当時の読者は当然、この作品に書かれていることはソクラテスが言ったことばそのままをプラトンがその場で記憶し、のちにそれを書き記したものだと判断したはずであって、プラトンの創作だなどと考えるひとはいなかったに違いない。

そうであれば、『弁明』はプラトンのほかの作品とは異なり、おそらく数時間にもわたるソクラテスの弁明を実際に裁判所で聞いた「記憶」をもとに、ソクラテスのことばを可能なかぎり忠実にプラトンが書いたものであるに違いない。プラトンと同時代の人間が『弁明』をそのように受けとるのが自然である以上、プラトンもそうしたはずなのである。

人間は自分の経験を踏まえてものごとを想像し、想像できないことは「ありえない」と思うものである。だから現代の人間は、数時間にもわたる人のことばをそのまま覚え、そのまま書くなど、人間にできるはずがないと思いがちである。無理もない。わたしとて、そんなことは自分にできないから想像できない。

しかし、現代でも驚異的な記憶力をもつ人は実際にいる。井筒俊彦といえば『クルアーン』

を日本語に訳したことで有名なイスラム研究者だが、彼にとって一番難しかったという中国語を使いこなすのにたった三か月しかかからなかった話など、ひとつの外国語を使いこなすにも難渋するわたしの想像を絶している。また五線譜すら知らず三和音の響きすらわからない人間からすれば、偉大な音楽家がどのように作曲するかなど想像もできない。しかし、自分にできないというのは他人ができないことの証拠にはならない。

現代のような大量の紙と筆記用具、コピーや電子的記憶媒体のなかった古代の生活を考えれば、古代の人々が日常的に多くのことを「憶える」習慣をもっていたことは想像に難くない。脳のはたらきは習慣によって意外なほど大きく変わることは現代の実験心理学で実証ずみである。いまでは想像すらできない記憶力が古代にはめずらしくなかったことは十分ありうる。そしてプラトンがすぐれた頭脳の持ち主であったことは、だれもが認めるところである。

15　中世におけるソクラテスの影

アウグスティヌスは、はじめ修辞学者であった。修辞学者というのは、すぐれた文章を書く技術を教える学者である。そのため彼は、ラテン文学において名文家として知られるキケロとセネカを読みこんだに違いない。そして彼らをとおしてストア哲学を学んだ。

ストア哲学というのは、ソクラテスの死後一〇〇年くらいたったころ、アテネにやってきたゼノンという人物によってはじめられた哲学である。

ゼノンはアテネの本屋でクセノポンの『ソクラテスの思い出』を見つけて読み、そこにある議論を気に入り、本屋に訊ねたら、師とすべき人が通りかかるのを本屋に教えられて、その人に付いて学んだという。そのとき師とすべき人物だと教えられたのは、犬儒派のクラテスともいわれるが、少なくともプラトンが開いた学校であるアカデメイアの先生ではなかったと推測できる。なぜなら『ソクラテスの思い出』に書き記された哲学は、プラトンが競りあったクセノポンの作品であり、アカデメイアで教えられたものではないからである。

その哲学は、ソクラテスのことばをほぼ述べられたとおりに伝える学派のものである。したがって、ソクラテスが亡くなって一〇〇年後のアテネには、アカデメイアとは別にソクラテスの哲学を伝える人たちが存在していて、ストア哲学はそこから哲学を学んだ流派なのである。

だからアウグスティヌスの論法には、クセノポンが伝えたソクラテスの流儀が、それとわからないかたちであらわれている。そしてストア哲学は、中世を通じてアウグスティヌスの権威によって学ばれつづけ、近代の哲学者も受け継いでいるのである。しかし厄介なことに、ストア哲学はアリストテレスやプラトンのような専門用語を用いないので、影響の過程が見つかりにくい。

「イデア」が出てくればプラトン哲学の影響が明らかであるし、「質料形相論」ないし「起動因・目的因」、あるいは「範疇」が出てくれば、アリストテレスの影響が明らかである。

ところがストア哲学は、専門用語を用いなかったソクラテスから哲学を学んでいるため、日常言語を用いることがほとんどで、専門用語を重視する習慣が薄い。しいていえば、倫理学ないし「徳」を重視する傾向があればソクラテス的なのではあるが、一般には、それもプラトン的な傾向であるとされている。

唯一、ほかにないソクラテスの影響を見いだすとすれば、ストア哲学を受け継いでいる「現象学」において、頻繁に用いられる「判断停止（エポケー）」である。

これはわたしの見るところ、ソクラテスの「知らないと思う」ことがらについての真偽の判断停止が始原になっている。知らないのであるから、知っていることがらと対照したとき、知らないほうを判断の規準にしてはならないということである。ソクラテスによれば、知らないものについては、じっさい判断できないからである。

たとえば死については知らないから、本来よいとも悪いとも判断できない。ソクラテスによれば、人はついついそれを「知っているつもり」になり、できないはずの判断をして過誤を犯す。つまり死は悪いものだと知っているつもりになってしまうのである。そうしないのが「判断停止」である。

一方プラトンであれば、「知らないと思う」ことがあれば「知ろうと思う」ことで探究がはじまる。死を知らないことに気づけば、死とは何かを知ろうとする。

つまり無知の自覚は、プラトンにおいては探究の端緒の条件となって、判断停止の条件にはならない。したがって、「判断停止（エポケー）」はソクラテスからは出てくるが、プラトン哲学からは出てこない。

16　プラトンが書かなかったソクラテス

わたしは長らく、クセノポンが書いた『家政』と、クセノポンが書いた『饗宴』と、クセノポンが書いた『弁明』（小）の日本語訳を見つけることができなかった。しかしあるとき、たまたま書店の棚にこれらの英訳を見つけたので、買って読んでみた。さらに疑問に思ったところを、にわかじこみのギリシア語原文で読んだ。その後、クセノポンの『弁明』（小）には邦訳があるのを知って(1)、それも読んだ。そしてもちろんクセノポンの『ソクラテスの思い出』の邦訳も読んだ。

こうしてクセノポンが書いたソクラテス関連の作品を通して読んでみると、プラトンが描くソクラテスとはまったく異なるソクラテスが、わたしのなかに立ちあがって来たのである。クセノポンのソクラテスは、プラトンが描くような、相手に自分を小人と思わせせつつ論破していく老人のソクラテスではない。他者にも気をつかいつつ、相手に真摯にたずねながら自分の知識を確認していく若きソクラテスであり、相手の知識に不安があれば、それをひとつひとつ問うていくことで、相手の知識と自分の知識を再確認し、正しい判断ができる理性をたがいに養っていこうとする壮年のソクラテスである。

プラトンが描くソクラテスは、美徳について厳しく問いただし、おたがいに答えを見いだすことができずに難局《アポリア》にはまることばかりする。

たしかに当時の人々も、ソクラテスはいやみ《アイロニー》で、自分では知っていながらそれを隠して、意地悪く対話相手をアポリアに誘いこんでいるのではないかと疑っていた。しかし、それにしても、プラトンが描くソクラテスは、プラトンのイデア論を支持するために、プラトン好みに理想化されたソクラテスであって、アリストテレスも『弁論術』の第二巻（戸塚訳）で、「アリスティッポスが、プラトンのものの言い方があまりにも専門家じみているので、彼に向かって次のように言った。『しかしながら、われわれの友は決してそんなふうには語らなかった』。もちろん、友とはソクラテスのことである」と書いている。

要は、プラトンが書いたソクラテスはあまりに専門家ふうで、当時の人たちから見て現実のソクラテスらしさがないものだったのだろう。余談であるが、ディオゲネス・ラエルティオスの『哲学者列伝』は、プラトンのイデア論についても、ピュタゴラス学派のエピカルモスの書いたものからの剽窃であるという話をいくつも伝えている。

それに対して、クセノポンの描くソクラテスは「生の人間」という印象が大きい。彼の作品に書かれたソクラテスの議論は、常識的でありながら抗いがたい論であって、ソクラテスが大きな評判を得るのも無理はないと思われるものである。

わたしは次章でソクラテスの哲学全体について論じようと思うが、「知らないことを知らないと思う」という無知の自覚は、ソクラテス哲学の「原理」（始原）ではあるけれども、それのみをとりあげて理解することは困難なものであることを、あらかじめ述べておかねばならない。なぜならそれは、心のなかのある状態についての言表だからである。心の外のことがらならば、あらためて注視することによって違いがわかりやすい。しかし心のなかの繊細な相違や区別はなかなかわかるものではない。そのため、それだけを聞いても、ソクラテスの哲学の全体は見えてこない。わたしたちはソクラテスの哲学の原理だけでなく、その原理から導かれる定理ともいうべきものまでたどってみなければならない。

インタールード2
ヨーロッパ哲学の温故知新

論語のことばに「温故知新」がある。古いところを知って、それを手がかりに新しいことを知るのがいい、というくらいの意味として一般に受けとられているように思う。古いことを知るのは新しいことを知るための準備になる。あるいは、古いもののほうが単純素朴で人生経験が不足していてもわかる内容だから、それを踏み台にして新しいことを理解することができる。

ということは、古いことにも目を向けるけれども、どちらかといえば「新しいことを知る」ことに重点がある。わたしも学校や教科書ではその主旨で教えられたし、最近までそのように理解していた。

ところが論語を読みなおすと、このことばには「以可為師」という四字句がつけられている。これは「以て教師を為す可し」と読め、「そうすることによって人に教えることができる」という意味だと考えられる。後半のこの字句はたいてい無視され、中学や高校でも世間一般でもとくに耳にすることがない。だから大した意味はないのだろうと思って、これまで何の疑いもいだいていなかった。

そのうちわたしは、孔子がこのことばを述べた年齢に達することになった。するとこのことばには深い意味があるように思えてきた。長年哲学を生徒に教えて来て、孔子の言うとおり、「人に教える」ためには「古いところから知っている」ことがとても重要ではないかと感じはじめたのである。

「感じる」などといった、不確かで、もやもやした言い方をするのは、哲学の本の書き手としては失格だといわれそうである。しかし正確なことばにして根拠を示すと、かえって嘘になりそうに思えるのだ。孔子自身、このことばを理論ではなくて、純粋な経験知として述べていたのではないかと、わたしは訝っている。

孔子が六〇、七〇の年を迎えたとき、それまで自分が真実だと思うことを人に教えつづけて「身に染みたこと」を述べているのではないか。古いところから新しいことを知らないと、人は自分の教えることを思うように学んではくれない、教えても教えても、こちらが期待しているようには学んでもらえない。そのことを孔子は生涯の末にわかって、「温故知新」と語ったのではないか。

とはいえ孔子は自分の経験から「そうだ」と言っているだけであって、その理由を明らかにしてはいない。ヨーロッパの哲学者なら「なぜなら……」とつづけるように思う。

じっさい孔子のことばをそのままくりかえすだけでは、哲学をなりわいとする人間としては問題である。ヨーロッパにおける哲学は、人間が生きるうえで大事なことがらを「ことば」（ロゴス）にして明らかにすることである。そのまま伝えるだけならオウムでもできる、と揶揄されても仕方がない。説明するためには、孔子がことばにしなかった根拠をことばにしなければならない。

プラトンの哲学でも、根拠から説明するというのは「古いところにさかのぼって」説明することである。「古いところ」というのは、人間にとってもっとも古い、「魂のふるさと」である。プラトンによれば、それはイデアの世界（まことに純粋なことばの世界）である。あらゆるイデア（感覚的な性質から離れた形相）が揃っているところである。魂はかつてそこにいたといわれる。プラトンはそれを思いだすことを「知の探求」と呼ぶ。

そういえば、古代ギリシアの哲学（プラトン、アリストテレス）では、真理についての述語は動詞が過去形になる。過去形で述べられる理由は、真理はいまになってそうなったのではなく、永遠の過去からそうで「あった」ものだからである。真理とは「もともとそうであった」という意味であり、「本質的」あるいは「本性的」あるいは「生まれつき」ないし「永遠の昔から」そうである、ことを意味している。

知の理解としては、プラトンのイデア論は迷いの道に踏みこんでしまう形式論だとわたしも思う。しかし人の心が素直に知ること、純粋な心として知をもつこと、それが「古い知の在り方」であるとするなら、プラトンのイデア論はひとつの「温故知新」として敬すべき探究であって、むやみに否定することはできない。

このごろ思うに、文明社会のさまざまな物言いによって、人の心がもつ「ことば」は「新しく」なる。文明社会はそれを進歩と見るが、じつは「もとの姿」を失っているだけではないか。文明社会の歴史を通じて、心が新しいことばで彩られてしまったことによって、自分たちが本当に生きるべき自然世界の「もとの姿」「本来の姿」を理解することができなくなっているのではないか。いまのわたしはそう思うようになった。

じっさい、わたしたちは何を知っているのか。

人は親から聞く「ことば」を聞き、つづいて周囲の社会で話されている「ことば」を聞いて、心を成長させる。そのことばが本当のことを教えてくれないものであったらどうだろうか。

文明社会に生きれば、文明が個人にもたらす利益について聞くだろう。文明が宇宙の構造や経済のしくみを説明する新しいことばも聞くだろう。しかし文明を超えた宇宙（元の世界）の真理はことばになっているだろうか。たとえことばになっていたとしても、怪しげな宗教言語として開こえてくるだけではないだろうか。

孔子の心にはまだ見えていた「本来のもの」が、現代のわたしたちには見えなくなってしまったのかもしれない。孔子にはまだ見えていたから特段説明しなかったのかもしれない。

現代人が誇る科学技術は、かつては知ることができなかった物質的世界のしくみを明らかにし、まるでみずからが神にでもなったかのように誇っている。しかしその「新しさ」は、わたしたちが本来的に「生きる世界」をむしろ混乱させ、わからなくさせている元凶かもしれない。

現代科学で生命の根本原理のようにいわれるデオキシリボ核酸（DNA）に、人間の「生きる目的」や人間の「生きがい」が書いてあると思う人はいないだろう。そこに臓器や体格、さらには病気や運動能力や知能に関する遺伝情報が書かれているかもしれないとは考えても、「生きる目的」や「生きがい」が書かれているとは思わない。

見方をかえれば、「生きる目的」や「生きがい」といったものは科学的事実としては存在しないのであって、ただの幻想にすぎないと言っているようなものである。そんなものがあると語るのは、夢見がちなアウトローか、哲学者や宗教家のような信用しがたい人物くらいだろう、と。

しかしいまから数百万年ものむかし、生命の本源が生みだした人間は、「生きる目的」や「生きがい」を、その生命の本源から受けとっていたのではなかろうか。「生きる目的」や「生きがい」がそのとき「ことば」になっていなかったことは疑いないが、ことばにする必要もないほど人間の無意識に深く宿っていたのではないだろうか。

だからと言って、古代語を学んで「古きをたずねれば」それが見いだされるというほど容易ではない。わたしたちの心が「現代的」であることから離れられなければ、無自覚のうちに現代人のほうが古代の人々よりも真理を多く知っているのはあたりまえだと思いこみ、古代のものをいくら学んでも、古びた陳腐な代物と思うばかりで、何かを新しく学ぶことはできない。自分は古代の人の考えと現代人の知識を両方修めた世にもすぐれた人間になったのだと、あらためて自分を誇示したくなるだけかもしれない。

孔子は、「古きを温《あたた》めて」と言う。「温めて」とは何だろうか。

漢字の語源は、青銅器の器に入れたものをぐつぐつ煮るようなことらしい。キャンプで鍋を囲んだ経験を思いだす人もいるかもしれない。

しかしわたしは、バードウォッチングの経験をもっている。親鳥が子育てをする姿を野外でじかに見ている。親鳥は五つくらいのかわいい卵を産んで、自分の腹につつみこむようにして温める。食事のためか、暖かい日中にその場を離れることもあるが、すぐに戻ってきて熱心に温めつづける。何日かたつと、ふいに卵が割れてヒナが出てくる。わたしはその光景と「古きを温める」が重なるように思う。

「古いもの」とは卵である。ちょうど親鳥が卵をじっくりと温めるように、古いものを「心に保ちつづけて」、不断に「考えつづけて」みる。親鳥もときに食事などの必要があって、卵のある巣を留守にすることがあるが、それでも用がすめばいそいで帰ってきて、ふたたび卵を抱いて温める。

ところで親鳥は、卵から何が出てくるかを知っていて温めているのだろうか。

わたしが見るに、親鳥は出てきたものを見て、そのときはじめて、あわてて「それ」を育てようと懸命にはたらくのだと思う。わたしにはそのほうが生命のもつ知恵にふさわしいと思える。親鳥は自分が生んだ卵を見て温める衝動に襲われ、その衝動にすなおに従うことで卵を孵す。そして卵の殻を破ってふいに出てきたものを見て、それがどんな姿のものであれ、あわてて育てるのである。

そう考えなければ、たとえばカッコウに托卵された小鳥が、生れたヒナを一目見れば明らかに自分の子ではないとわかるはずなのに、懸命に育ててしまう理由がわからない。何しろカッコウのヒナの大きな口は、餌を運んでくる親鳥を呑みこめるほどになるのだから。

ヨシキリという鳥は、一夫多妻のために雌だけで卵の面倒を見なければならない。そのため巣を留守にしがちで、カッコウなどに托卵されてしまいやすい。

わたしは秋が近づいた高原で、大きくなって巣立ちはしたけれど、まだ自分ではエサを採れないカッコウのヒナに、ヨシキリが餌の虫を食べさせている場面に出会ったことがある。小枝の先にとまっているヒナに、ヨシキリが虫をくちばしにはさんでもってきて、口移しで与えるのである。ヨシキリとカッコウのヒナの体格差は、スズメがカラスに口移ししているくらいに見える。ちょっと首をかしげながら大きなヒナのくちばしのなかに餌を入れるヨシキリお母さんの真剣な顔は、いまでも忘れられない。

理屈からすれば、おかしなことかもしれない。ヨシキリお母さんが自分で生んだ卵を温めることができずに、カッコウの卵を温める。カッコウの親が悪魔か何かに見えるかもしれない。しかしカッコウのヒナを懸命に育てるヨシキリの、自然がととのえた母性の姿に、わたしたちは種を超えた感動を覚える。どんな子だろうと自分の子はかわいいのだ。障害があろうとなかろうと。その子を育てる母性に感動を覚えるのは、それが真実だからである。

生物は今日までにさまざまな種を進化させてきた。種の進化がどのようになされるか、じっさいにはよくわからない。しかし親が、変わった子どもだからといって育児を放棄していたら、種は進化できなかったに違いない。どこかでおよそ親とは違う子どもが生まれたはずだからである。そうであればこの母性は、躍動的な自然の生命全体に普遍的な大事なはたらきだと言えるだろう。けして不合理でも無駄なはたらきでもない。

知をめぐって迷いながら新たな知を求めるわたしたちも、そうすれば本当のことがわかるのではないか。

孔子に従ってわたしたちにできることは、過去の哲学者が残したことばを、じっくり温めてみることである。そこから何が出てくるか、出てくるまで問わないことが温めてみることである。出てきたものを、それが何になろうと、あるいは無駄になるとしても、懸命に育ててみるだけである。

孔子の年齢に達して、孔子のことばが本当のことかもしれないと、このごろ思いはじめている。

第5章　ソクラテスの実像とその哲学

1　クセノポンのソクラテス描写

ソクラテスの哲学を伝えているおもな作者は、同年齢と推測されるプラトンとクセノポンのふたりである。しかし世間一般では、信頼できるのは圧倒的にプラトンであると思われている。この点はヨーロッパも日本も同じであって、プラトンこそソクラテスの哲学の深い真実を伝えており、クセノポンは俗世間的な生き方の話をするソクラテスしか伝えていないという評価である。この評価はあまりにも圧倒的であるため、専門家のあいだでも疑う人はほんの一部しかいない。

クセノポンの『ソクラテスの思い出』（以下、『思い出』）は、その冒頭に出てくるのはソクラテスの思い出ではなく、裁判でソクラテスが死刑になったことへのクセノポンの素朴な疑問である。「なぜあの善美そのもののソクラテスが死刑になるのか」という疑問の羅列である。ソクラテスという人物を素のままで知ろうとしている人にとっては、特段興味がもてない内容だろう。

そのあとに出てくるソクラテスの問答も、プラトンの作品のような緊張感に満ちた丁々発止の議論ではなく、とてもおとなしい議論であり、たいていどこかで聞いたことのあるような教訓的な「まとめ」がくっついている。プラトン作品のような、論理の鋭さで問題を切りひらいていくおもしろさはない。つまりクセノポンが伝えるソクラテスの会話は、当時の社会では「よい話」だったかもしれないが、現代の学者が研究対象としてとり組みたくなるような内容とはあまり思われない。

しかし最後まで忍耐強く読んでいくと、「おや？」と疑問が生まれる。たとえば末尾にあるエウテュデモスとのいくつかの対話である。

エウテュデモスは、若くしてソクラテスとの対話に惹かれ、おのれの無知をさらされることになりながらもソクラテスを逆恨みせず、衆人監視のもとで進んでソクラテスの質問を受けつづけた人である。残念ながら若くして死んでしまったらしく、プラトンのように名を残すことはできなかったが、エウテュデモスがソクラテスから受けた質問と回答、わけても正義についての対話や、知恵と知識の同等性についての対話は、どれもプラトンにはない圧倒的な議論である。

2　クセノポンとソクラテス

クセノポンは多くの作品を書いた作家であり、文体も平明なので、ヨーロッパではいまでもよく古典ギリシア語学習のテキストとしてとりあげられる。しかし彼は哲学者ではなかった。

ところで、高度な哲学は哲学者しか話せないと思っている人もいるかもしれない。しかし、少なくともソクラテスはそういう哲学者ではない。彼は市井でふつうの人を相手に問答していたのだし、政治家を呼びとめて議論できりきり舞いさせたともいわれているのだから、ソクラテスが高尚な議論しかしない哲学者でなかったことは間違いない。しかもソクラテスは、周囲の人に自分を「先生」とは呼ばせず、つねに「友人」と呼ばせていたと伝えられている。若い人にも自分を同等に扱うようにしていたのである。

　さて、クセノポンがソクラテスを知った頃には、ソクラテスは一部の市民のあいだで、たいへんすぐれた知恵の人として知られていたらしい。若い頃のクセノポンはすぐれた人間になろうと思っていたのだから、彼がソクラテスの話を聞こうとするのは当然のことだった。

　この点では、哲学の才能をもっていたプラトンも同じであったろう。ただしプラトンには、哲学の才能をもつ若い人にありがちな「気むずかし屋」の側面があったらしく、広く友人をもったタイプではなかったらしい。

　他方、大人になったクセノポンは、戦士として戦うことだけを考えているような単純な（竹を割ったような性格の？）人間に見える。その性格のおかげで、むかしからソクラテスの話を聞いていた人たちと仲よくつきあい、過去のソクラテスの会話について聞かせてもらう機会もたくさんあったようである。クセノポンがプラトンとは違って、ソクラテスの実際の会話を集めた『思い出』や『家政』といった作品を書くことができたのは、この人づきあいのよさがあったからだろう。

　クセノポンにはたしかに哲学的才能はなかった。そのためソクラテスの会話の中身について深く理解することはできなかったに違いない。しかしプラトンとは違うことを、クセノポンもソクラテスから学んでいる。

　まずクセノポンがソクラテスの弟子であったことは、つぎの事実によって明らかである。彼は三〇歳になった頃、スパルタとの戦争に負けたアテネ市内でソクラテスに別れを告げ、ペルシア帝国へ赴く一万のギリシア軍と歩みをともにした。ところがペルシア帝国の首都の近隣に至ったとき、自分たちをそこまで導いていた皇帝の弟が王への反乱の意図を明かした。ギリシア軍はそのまま皇帝の弟の命にしたがっていたが、ついに皇帝の弟は知らぬうちに皇帝の刺客に殺されたことを知る。

　指導者を失っても要は反乱軍である。このまま無駄に時をすごせば、巨大なペルシア軍に踏みにじられるのは火を見るよりも明らかだった。できるだけ迅速に広大なペルシア帝国から脱出しなければならない。

　この苦境に際しておびえるギリシア軍のなかから司令官に選ばれ、しんがりを守りつつ、何年もかけてギリシア本国までギリシア軍を安全に導いたのがクセノポンだった。退却の英雄である。この事情を描いているのが彼の『アナバシス』である。

　この事実は、クセノポンがソクラテスから生き方を学んだことを示している。なぜならクセノポンのこの行動は、ソクラテスがデーリオンの戦いで見せた戦いぶりを見習ったものと思われるからである。

　プラトンの『饗宴』や『ラケス』、アリストパネスの『雲』によると、ソクラテスはデーリオンにおけるアテネ軍の大敗北のなかで、アテネ軍撤退のしんがりを務め、左右に睨みを利かせ、敵兵に自軍を傷つけさせることなく、無事に退却させたことで勇名を馳せたことがあるのである。

　またクセノポンは、ギリシアに戻ってもアテネには帰らず、友人の国スパルタに行く。スパルタから農園をもらって農場経営をはじめる。

　クセノポンが軍人の夢を捨てて農場主となったのはなぜか。

　それはソクラテスから、農民の仕事は善美な人間にふさわしいと学んでいたからである。

　このあたりのことは、若いソクラテスと農民イスコマコスの会話を伝えるクセノポンの『家政』に詳しい。しかもこの会話では、農場経営のために知っておかなければならないことが案外に詳しく述べられている。クセノポンは農場経営についてもソクラテスから学んでいたわけである。

これらの点から見て、クセノポンはソクラテスに対して誠実な弟子でありつづけた人だと言うことができる。ただし彼は哲学にそれほど関心があった人ではなく、彼の『思い出』『饗宴』『家政』『弁明（小）』はたしかにソクラテスの会話を伝えているけれども、『アナバシス』『ギリシア史』『馬術について』『キュロスの教育』『ラケダイモン人の国制』『政府の財源』など、哲学とは関係のない作品のほうをはるかに多く書いている。ギリシアの歴史や馬事などは、いかにも軍人、あるいは当時の寡頭派に属する貴族にふさわしい関心事だろう。彼の『ギリシア史』は、寡頭派（騎士階級）に属したツキディデスの有名な『戦史』を引き継ぐかたちで、ペロポネソス戦争末期から筆を起こしている。

したがってクセノポンの著作全体から考えるに、たしかに彼はソクラテスの会話には興味をもったが、プラトンやアリストテレスのように哲学に深く興味をもったわけではない。クセノポンが『思い出』に納めたソクラテスの会話は、おそらく人から聞いて思いだしたものを、その順番のままに並べただけで、プラトンの作品の会話のように、一貫したテーマを追求するものにはなっていない。はっきりいえば会話を羅列しただけである。

だからクセノポンが深く哲学する人物ではないのは明らかだが、その一方で、彼の『思い出』にしろ『家政』にしろ『饗宴』にしろ、それらに登場するソクラテスの議論は、クセノポンのようなふつうの人間が考えつくような議論ではなく、まったく哲学者の議論である。しかも、『弁明』のなかのソクラテス独自の議論と、クセノポンの『思い出』のなかに出てくる日常的なソクラテスの議論には齟齬がないのである。

このあたりをどう考えればよいのか、以前のわたしには整理がつかなかった。

3　ソクラテスの弁明

クセノポンはソクラテスが裁判にかけられたときペルシア帝国にいたので、ソクラテスの弁明を直接聞いたわけではない。それに対してプラトンはじっさいにソクラテスの弁明を聞いている。

しかしプラトンの『ソクラテスの弁明』とクセノポンの『弁明（小）』を比べると、クセノポンはプラトンが書いていないことを書いている。どうやらクセノポンは、プラトンの『弁明』を補うつもりで、ソクラテスの弁明を直接聞いたヘルモゲネスという人に取材し、『弁明（小）』を書いたらしい。比較すればわかるのだが、ソクラテスが弁明のなかで、自分を起訴したメレトスを呼びだして問答している部分を、プラトンはかなり端折っていることがわかる。おそらくその部分は、プラトンの興味にそぐわなかったのであろう。

ところが、ソクラテスの弁明の全体を見なおすと、ソクラテスはメレトスとの問答によって自分の無実を証明しようとしている。ソクラテスは弁明のはじめにまず、ふだん自分がやっているやり方で話すが、そのことで気分を害さないで聞いてほしいと裁判官たちに断っている。

アテーナイ人諸君よ、諸君にお願いしたいことがある。それはわたしが、よその場所でも、また市場にある両替屋の店先などでも、不断しゃべりつけていて、多数諸君がそこで聞かれたのと、同じ言葉を使って、いま弁明するのを聞かれても、そのために驚いたり、騒いだりしないでほしいということだ。(田中美知太郎訳)

いつものやり方、いつもの「ことば」(ロゴス)とは、短い質問と短い回答で構成されるソクラテスの「問答」を指す。当時の裁判の弁明としてはたしかに特異である。ふつうは自分の側に立って無実を訴えてくれる証人を何人も呼んだり、家族が泣いているところを見せて裁判官の情に訴えたりするのである。にもかかわらずソクラテスは、訴追人との「問答」で無罪を訴えようとする。ソクラテスは、裁判官の良識ないし理性を期待するがゆえであると述べる。

なぜなら、そうするのが、裁判をする人の立派さというものであり、真実を語るというのが、弁論する者の立派さだからだ。(田中美知太郎訳)

したがって、ソクラテスの弁明の意図からすれば、「メレトスとの問答部分」がむしろ最重要なのである。しかしプラトンの『弁明』は、なぜかそこが不完全なのである。

他方、その弁明の前後でソクラテスは、自分の哲学行為——つまり人を呼びとめて、まるで駄馬を刺すアブのように眠りこけている人の理性を目覚めさせようと厳しく問い詰める行為——をなぜ行うようになったか、その理由を開陳している。「無知の自覚」が出てくるのはこの部分であり、こちらに関しては、プラトンの『弁明』は、ほぼ完全なものだと思われる。

4　プラトンの哲学と『ソクラテスの弁明』

プラトンは『弁明』のあとも多くの作品を書くことになるが、わたしはそれらの作品の多くは、プラトンがソクラテスの弁明を読み解く作業だったのではないかと思っている。

では、プラトンはソクラテスの弁明を読み解けたのか。それはわたしには疑わしい。先にも述べたとおり、プラトンは「無知の自覚」を真剣に知を愛求するための出発点と位置づけるが、わたしには「無知の自覚」は人間に求められている善美そのものであり、むしろ「到達点」だと思えるからである。

ソクラテスにおいては、無知の自覚を得るために問答がなされるのであって、問答が無知の自覚によって始まるのではない。

プラトンが言うように、無知の自覚に基づいてこそ新たな知の探求があるべきだとすれば、ソクラテスが三度の出征以外には自国から出ようとしなかった理由がわからないものになる。当時、天文学などの進んだ知識は外国にあった。ソクラテスに無知の自覚があって知を求めたなら、すすんで外国に旅をしてもおかしくない。ところがプラトンによれば、ソクラテスは外国へ旅していないし、そういう望みをもったこともないらしい。

クセノポンの『思い出』を読むと、ソクラテスは外国からやってきたソフィストとも対話しているが、外国のようすを興味深く聞いているわけではない。一方、無知の自覚を新たな知の愛求の出発点に据えたプラトンは、遠くイタリア半島のピュタゴラス学派の地やエジプトへ旅したことが伝えられている。

両者の順序からすれば、プラトンがソクラテスを追いかけたのであって、その逆ではない。だとすれば、むしろ『弁明』後に書かれた数々のプラトン作品は、『弁明』を理解しようとしたプラトンの哲学的労苦ないし修行の姿としてとらえなおすべきであろう。

『弁明』の終わり近く、ソクラテスはこう言っている。


徳その他のことがらについて、わたしが問答しながら自他の吟味をしているのを諸君は聞いておられるわけだが、これらについて毎日談論するというのが、これが人間にとっては最大の善なのであって、吟味のない生活というものは、人間の生きる生活ではないと言っても、わたしがこう言うのを、諸君はなおさら信じないであろう。（田中美知太郎訳）

この箇所でソクラテスは、徳についての問答がじつは自他の吟味となり、それが人間にとって「最大の善」だと言う。プラトンが『国家』において、太陽の比喩を通して語る「善のイデア」は、このソクラテスの言葉に対するプラトン流（イデア論）の解釈と見ることはさほどむずかしくない。

プラトンにおいて「善のイデア」は、他のもろもろのイデアを超えた、イデアのなかのイデアである。たいていのプラトン研究者は、それを謎めいた、ほとんど神秘的な存在としか受けとめていないが、イデアは分与され、その分与されたものがわたしたちの周囲になければ、「イデア」ではない。「イデア」があって、その「イデア」を地上に見られるものが「分有している」というのがプラトンのイデア論である。地上に分有者のないイデアはありえない。

善のイデアもイデアのひとつである以上、それを分有するものが地上になければならない。善のイデアはすべての善を超えた善であるが、イデアであるためには、地上でそれを分有する何らかの事態がなければならない。そして、すべての善を超えた善であるからには、地上の人間のあいだで「最大の善」と言われるものでなければならない。プラトンは、弁明の場でソクラテスが「最大の善」と言っていたのは、そのことだと考えたに違いない。

とすれば、プラトンの言う「善のイデア」は、ソクラテスの言う日頃の「問答」のうちに、その分与されたものが見られるはずである。

じっさい、プラトンが描くソクラテスは、他者と厳しい問答をくりかえし、ちょうど闇夜のなかで太陽の明かりを求めるように、真なるものを垣間見ると言い（プラトン『テアイテトス』）、あるいは美徳について語りあうことで、まるで太陽が多くの生きものを誕生させ成長させるように、その種《たね》となるものを若者の心に宿すとも言い（プラトン『パイドロス』）、あるいは、問答によって人の心に眠っていた知識を引きだすのだ（プラトン『メノン』）とも言うからである。

こうしてプラトンは、『国家』をはじめとした作品で、ソクラテスの問答がもっている教育的効果（啓蒙的教育）を示しながら、じつはソクラテスが弁明の場で「最大の善」と述べたことについて、太陽の光に模して「自分の理解」を明らかにしている。

5 クセノポンのソクラテス

クセノポンは、ソクラテスの哲学の核心がどこにあるかを、プラトンのように整理してはいない。『思い出』の冒頭部分でソクラテスの有罪はまちがいであるといろいろ述べたあとで、「記憶するままを書き記してみようと思う」（第一巻の3、佐々木理訳、以下同じ）と言って、ソクラテスが話したことを並べている。

その内容は大よそ、ソクラテスが「日々その弟子たちに語り聞かせていた言葉」（第一巻の４）である。それはプラトンが描くソクラテスの「一切の事物に通暁すると考えている連中をこらしめんとして行った、辛辣な吟味の質問」（同所）とは異なる。おそらくクセノポンは、プラトンが描くソクラテスを読んで、自分が知っている本当のソクラテスとは違うと思い、本当の姿を明らかにするために『思い出』を書いたと思われる。

したがって、プラトンの描くソクラテスとクセノポンの描くソクラテスは、ずいぶん違う印象を与える。

プラトンが描くソクラテスは、哲学的才能をもった作家プラトンがひとつにまとめあげたソクラテスであるから、わたしたちの心のなかでいかにもソクラテスらしいソクラテスとして像を結びやすい。それは哲学の専門家が好むタイプのソクラテスである。イデア（真理）を探究するソクラテスであり、批判的対話の重要性を主張するソクラテスである。

クセノポンが記憶しているソクラテスは、親切に友人の相談に乗り、道徳を説く老人である。とはいえクセノポンも、若いエウテュデモスとの厳しい問答を思い起こして、作品につけているることはすでに述べた。それらを論理的に整理すれば、ソクラテスの発言はひとりの人間の哲学として見ることができるだろう。

クセノポンが伝える対話を完全に整理してみせることは、紙幅の関係もあって、わたしにもできない。そうするためには、クセノポンが伝えるソクラテスの議論のひとつひとつを、わたしがとり上げるソクラテスの哲学の根幹と対照させて説明して見せなければ納得してもらえないだろう。

クセノポンが記憶したソクラテスのことばをひとつにすることがむずかしい理由は、それだけではない。ソクラテスは時空を超えた「理念」ではなく、現実の歴史に存在した「個人」であり、特定の時空のうちで、特定の条件のもとにあって、同じ時代の人と談話をしている――話が通じるためには同時代の常識を背景としていなければならない――からである。

それに対してプラトンが描くソクラテスは、専門的な議論（抽象性を練った専門用語を用いた議論）をするので、時代が異なってもその理屈はわかりやすい。それは古代の数学の研究であっても、その内容が専門性（＝意味の限定性）を備えていることを通じて、時代を超えて普遍的に明確なのと同じである。たとえば、直角三角形に関する有名なピュタゴラスの定理は、典型的な定理として数学を習いはじめたばかりの中学生にもわかりやすい。つまり専門性があれば、何千年もむかしのものであっても、現代の常識だけで理解できるのである。

ということは、プラトンの描くソクラテスの理解しやすさは、けしてプラトンの描くソクラテスが現実に存在したソクラテスの真理であるからではない。むしろプラトンの描くソクラテスがプラトンが好んだ学的な専門性（イデア論）で語っているからである。

これに対してクセノポンが記憶したソクラテスは、つねに一般人を対象にし、専門性がない談話を多くしている。現代の哲学でいえば、ソクラテスは「日常言語学派」のようなもので、その内容は論理的に整理しにくい。

そのよい例が、クセノポンの『饗宴』(1)である。クセノポンは冒頭、「善美な人のようすについて、気晴らしにした話のようすも記録しておく」と言っている。じっさいソクラテスは、酒宴の場に不似合な学的な話をあえて避けようとしている。ただ日頃からその行いが気になっていた酒宴のホスト、ヒッポニコスの子カリアスに向かって、酒宴の最後に本物の「愛」とはどういうものかを語り、人生をむだにする俗の愛（身体的な愛）にだまされないよう注意している。これは「神の愛」と呼ばれる愛のことであり、すでに紹介した内容ではあるが、話のなかに美と愛の女神アプロディーテーが出てくる。したがって、それは現代の哲学者が好むような純粋理論ではない。

ソクラテスは結婚し、子どもも儲けている。ちなみに三〇歳頃に結婚した最初の妻が悪妻で有名なクサンティッペであり、おそらくは六〇歳をすぎて彼女に先立たれ、ソクラテスはあらたに妻を娶ったと思われる。プラトンによれば、ソクラテスが死ぬときには乳飲み子がいたらしい。

したがって、クセノポンの『饗宴』が伝える愛の話は、人間的で具体的な愛である。女神アプロディーテーが出てきても、プラトンの『饗宴』にあるような純粋な神話とか天上的な寓話ではない。

それゆえに、彼の愛の話は論理的に整理することが困難なものである。しかしソクラテスの哲学が、専門分野に限定してのみ機能するものではなく、愛のありかたという個人の人間生活全般に広く関わるものであることはたしかである。ソクラテスの論がプラトンならびにアリストテレスのような「専門知」の論でなく、実際の具体的な日常生活の地平、すなわち、わたしたちが現に「生きている」地平にまでひらかれた論であることがうかがえる。

6 ソクラテスの外見

クセノポンやプラトンが直接にソクラテスを見聞きしたのは、ソクラテスが五〇台の後半に入ってからのはずである。ソクラテスは四〇歳頃に有名なデルポイの神託を受け、その後、神に命じられた仕事、つまり他者を呼びとめてその知を吟味する対話をはじめた。つまり彼は四〇歳をすぎてからはじめて、言論で広く知られる人間になったのである。

一方、喜劇作家のアリストパネスがソクラテスに疑いの目を向けたのは、ソクラテスが四〇代後半の頃であった。ソクラテスは、外国人のソフィストがそうであるように、自国アテネの国政に無関心であるように見えたからである。

当時の喜劇は週刊誌の記事やルポルタージュ映画のような役目をはたしていた。アリストパネスは平和主義者で、スパルタとの戦争を推進する将軍クレオンが大嫌いだった。その頃ソクラテスはおもしろい語り口で若者の人気を集めながら、民主派（当時の戦争反対派）の頭領アニュトスたちの知を吟味して怒りを買っていたが、寡頭派クレオンについては批判めいたことをしていなかった。

アリストパネスはそういうソクラテスを知って正義感を燃やし、彼を批判しなければならないと思ったのだろう。喜劇『雲』を書いてソクラテスを揶揄した。ソクラテスを外国からアテネにやってきて新奇な知識を売りものにしているソフィストに仕立てあげて笑いものにしたのである。

アリストパネスそのほかから知られるところでは、ソクラテスは年中裸足で、いつも同じ衣服を着て、風呂にも入らず、髪もひげも伸ばし放題、当時のサテュロス劇に出てくる獅子鼻・太鼓腹のシレノスのような顔で、ギリシアでは典型的な醜男、目は出目で顔を動かさず左右を見わたせそうであり、ときどきひとりで長時間立ちつくしたまま沈思黙考する。ときに人を呼びとめて吟味するが、たいていは人が集まるアゴラや体育訓練所などで、毎日だれかを相手に話をし、彼のまわりを若者がとり囲んで、彼の会話を聞いている、そんな老人だったという。

知恵者ソクラテスの名声はギリシア世界にかなり広く知られていた。彼の名声を聞いて、アテネ以外のギリシアの都市から来訪して彼に議論を挑む人も多くいたが、ソクラテスは負けることがなかったらしい。美男で才覚もあった若いアルキビアデスも、ソクラテスの話を聞いて相手の無知を暴く論じ方を学び、後見役であったペリクレスを困らせたことがあった。とはいえ、知に対する厳しさゆえに、ソクラテスを遠ざける人がほとんどだったらしい。

ソクラテスは、当時は当番制だった兵役の義務にしたがって、三度、重装歩兵として出征し、最後のデーリオンの戦役（四五歳）では、敗走する軍隊のしんがりを守り抜き、いっとき名声を得るが、ソクラテスの『弁明』のことばから推し量ると、この名声はすぐに人々の記憶から消えたようである。

また当番制の国政審議会の委員になったとき（六三歳）にもその任をはたし、法を守って審議に参加したが、法を無視する民衆の決定を左右することはできなかった、とソクラテスは『弁明』の場で述べている。

他方ソクラテスは、ソフィストのあいだで知恵者とうたわれて、世評も高かったが、祖国アテネの国政がペリクレスという知将を失って混乱をきわめていたときでさえも、公の場で一度も国のために発言することがなかった。毎月数度開催される民会では、だれでも自由に発言できたのにもかかわらず、である。つまりソクラテスは賢人として知られていたにもかかわらず、政治に関わって自国を救おうとはいっさいしなかった。

ソクラテスは宴会で酒を飲んでも酔っぱらうことはなく、食についてもつねに抑制的で、アテネがスパルタの攻勢を受けて籠城戦となり、数か月ものあいだ食糧が得られず、おまけにペストらしい病気の蔓延があっても、いつもと変わらぬようすで過ごしていたという。アリストパネスもその禁欲的な生活には驚嘆を隠していない。

当時の人々が見たソクラテスの実像は、このような男だったのである。

7　クセノポン『家政』が伝える若いソクラテス

ソクラテスが自分の若い頃の話をしたことがある。クセノポンの『家政』[2]にそれが記録されている。

彼がまだ若い――おそらく二〇歳かそのくらいの頃、外国の金持ちが所有している評判の名馬がアテネに連れてこられた。馬のまわりには人だかりができた。それを見たソクラテスは、馬の世話係に「この馬は金持ちなのか」と訊ねた。世話係はあきれて「馬が金をもつことなどないだろう」と答えた。そのときソクラテスは、馬が善美であるのは金持ちだからではないことがわかったという。どうやらソクラテスはそのときはじめて、人間も金持ちであることが善美であることではない、と納得した（知った）らしい。

また美しい人を訪ね、美しい人がかならずしも善美であるわけではないと知ったという。さらに美しいものをつくる人たちをも訪ね、美しいものをつくることができても、人はかならずしも善美ではないことを知ったという。

これらのエピソードが示唆しているのは、ソクラテスは若い頃から「人が善美であることの原因」は何であるかについて、強い関心をもって考えていたらしい、ということである。

当時のアテネでは、アテネの最盛期を築いた政治家である知将ペリクレスが、ソクラテスと同年輩と考えられている外国人女性アスパシアと同居し、哲学者のアナクサゴラスと友だちづきあいをしていた。アナクサゴラスは、当時の新知識（イオニア自然学）をアテネにもたらした哲学者である。またアスパシアは、男たちと知的な会話をすることで有名であった。

おそらくペリクレスに憧れた多くの若者が新知識（哲学）に興味をもち、競って学んでいたであろう。ソクラテスはそういう時代のなかで、ひとり「人の善美」に興味をもっていた。そして人の善美の原因を探るのに、新知識を求めるのではなくて、「哲学」（知を愛する）と称して、善美の原因を知っていそうな人に、だれかれなく「訊ねてまわっていた」らしい。したがって、どうやらソクラテスは若い頃から、まわりの人に相当の「変人」と見られていたに違いない。

8　ソクラテス哲学の原理（出発点）

クセノポンの『家政』には、ソクラテス自身の記憶に即して、ソクラテスが三〇歳頃の会話が記録されている。当時人々から「善美な人」と評判の高かった農業経営者イスコマコスが、待ち人来たらずで時間を持て余していたところを、若いソクラテスが見つけて話しかけたことではじまった、おそらく数時間にもおよぶ会話である。

会話の具体的な内容は拙著『裸足のソクラテス』（春秋社）に訳出した。そこからソクラテスの哲学の原理（出発点）をさぐってみると、三つのポイントがあることが見えてくる。

1　知識、つまり知ることが大事である。なぜなら、知らなければ何もできないから。つまり何ごとかをなして善美であるためには、まず知識が必要である。農業でいえば、耕作し、種をまき、草とりをして作物を育て、実がなればそれを刈りとり、脱穀するという一連の過程のおのおのをどうすればよいか知っていなければ、農業について善美である（立派な仕事をする）ことはできない。家事も他の仕事も、たとえば医者の仕事であっても、それぞれについて善美である（立派に仕事をする）ためには、それぞれについて必要な知識がある。それをしっかり修めなければならない。

2　どの仕事であれ、よい仕事をするためには、配慮すること、言い換えると、その全体、その部分、おのおのについて、必要なことを見きわめ、気づかうこと、気づくことが大事である。「配慮・気づき・気づかい」のギリシア語「エピメレイスタイ」は、『弁明』においても「最大の親切」といわれることがらをソクラテスが説明するときに、くりかえしあらわれる。

あなたがたのひとりひとりをつかまえて、自分自身ができるだけすぐれた者となり、思慮ある者となるように〈気を付けて〉、自分にとっての付属物となるだけのものを、決してそれに優先して〈気遣う〉ようなことをしてはならないし、また国家社会のことも、それに付属するだけのものを、そのもの自体よりも先にすることなく、その他のことも、これと同じ仕方で、〈気遣う〉ようにと、説得することを試みていたのだ。（田中美知太郎訳）

3 責任をもって仕事をすること、何であれ、誠実にことをなすこと、すなわち、ふるまいが善美であることによって、人は善美であると言われる。しかし、これは教えることができるのか。本当はできないのではないか。善美といわれるイスコマコスも、奴隷を脅したり褒めたりすることで誠実であるほうが何かと得になるといって教えているが、誠実でない人間が他人を誠実な人間にするように教えることはできないと認めていた。したがって、善美でない人を善美の人にする知識（教える知恵）というものは、ないように思われると、イスコマコスも認めていた。

以上の三つが、『家政』にあるソクラテスの問答を通じて明らかになる。ソクラテスの哲学を理解するときに見ておかねばならない三つの重要ポイントである。

これはプラトン哲学にはないソクラテス独自の哲学である。プラトンはこれらのうち二番目の「気づかい」を除き、知識の大事さと美徳の教育可能性の問題だけをとりあげて、自分の作品で論じた。しかしプラトンが気づかず、とりあげなかった二番目の「気づき」こそ、じつは心が悪・醜なものから善・美なものに切り替わるポイントとしてソクラテスが重視したものである。

ただしこの三つのポイントは、本来の順番としては逆である。

精神ないし魂の善美（誠実であること）がまず第一に必要であって、もし心が善美であるなら、心は外からの知覚をそのまま素直に受けとり、自分の心の善美に対照させて（関係づけて）、その大事さの軽重を計ることができる。

アンセルムスの真理に触れて述べたように、ソクラテスの「無知の自覚」、つまり「知らないことを知らないと思う」というのは、心が「まっすぐである」ことである。それは心がよくはたらいていることであるから、心の真理であると同時に心の善美である。そのような善美な状態で生きている心は、外からの知覚（気づき）を偏見なしに「まっすぐに」受けとることができる。

第二に、心は受けとった知覚に基づいて、何に配慮すべきかを判断し、それぞれの場で必要な配慮をすることができる。

第三に、配慮すべきことがわかれば、その配慮を行うために必要な知識が見えてくる。そうすれば、人は自分がすること（専門の仕事）のために必要な知識を見つけることができ、その知識を正しく、過不足なく学ぶことができる。

このように、根源的な順序としては第一に心の善美が必要であり、それがあれば、第二に、何についてであれ正しい配慮ができる。正しい配慮があれば、第三に、自分の仕事に必要な知識が何であるかも正しく見つけることができる。そして心が善美であれば、その知識を正しく学ぶことができる。

これを先に述べたような逆の順序で挙げたのは、心の善美を失った人に対する説得のためである。ことがらの本質を見失った人、すなわち真に生きることがどういうことかわからなくなった人でも、それぞれの仕事にはそれに「必要な知識」があることには納得するからである。しかし仕事上の技術や知識だけでは現場で仕事を進めるには足りず、その場その場で起ることについて、「現場での配慮や気づかい」が必要なことも納得してもらえるだろう。

ここまで納得してもらえれば、それぞれの知識の「適合性」や配慮の「正しさ」を確認するために、心の外の状況を正確に、つまりそのままに心が受けとる（偏見なしに認識する）必要があることも納得してもらえるであろう。

そして、ここまで納得が得られるなら、それ以上のものは必要ない。「真実の生」を論ずるうえで哲学ができることはすべて尽くされている。あとは人間の能力を超えており、神に任されることである。わたしたちがソクラテスの哲学から読みとれるのは、そういうことなのである。

9　心の善美は生来のもの

他方、農民イスコマコスとソクラテスのあいだで一致を見たことは、誠実にことをなす人、つまり心の善美な人を、あらたに育てる知識というものはないということである。

「教えられない」というのは「それについての知識はない」ということだ。知識とは説明できることであり、教えられることでなければならない。しかし人を心の善美な人に育てる知識がないというのが真実ならば、ソクラテスはすぐにつぎのことに気づいたはずである。

「誠実であること」「心が善美であること」は、まったく自然な、生まれつきのものでなければならない。というのも、ある善美な人がもし生まれつき善美だったのでないなら、その人を善美にすることのできた人がその前に生まれていなければならない。しかし、もしその人も生まれつき善美でなかったのであれば、やはりその前に善美となった人がいなければならない。善美でない人が善美であることを教えることはできないからである。したがって、人間が生まれつき善美でないとすれば、人間が善美であるためには、かつては善美でなかったが、教えられ育てられて善美になった人がそれ以前に存在したはずである。しかし善美を教えられる人間はいなかった。したがって、人間は生まれつき善美でなかったら、けして善美にはなれない。

したがって、もし善美でないのが人間の生来であるなら、善美な人など実際にはだれもいないはずである。ところが現実には、イスコマコスのように善美な人がいる。彼はできるだけ人を善美にしようと努力している。

だとすれば、人が善美であるのは、何らかの生まれつきの能力であるほかない。人間が善美であるのは、生まれつきの本性でなければならない。

ところで、善美に生きることが幸福に生きることである。善美であれば、すべてはよい状態にあり、いかなる煩いもないからである。だとすれば、多くの人が現在善美ではない（幸福に生きていない）のは、その人がこれまで生きてきたあいだに、何らかの仕方で善美であることを「失った」からである。

さて、仕事をする大人になっても善美であるためには、仕事や家庭といったそれぞれの場でよい作業をするために、その場における特定の適合的知識が必要である。

いま、ある人が何かをしているという現実において、善美でない（幸福でない）とすれば、本来であればその仕事をやるうえで必要な知識をその人が手に入れていないか、手に入れていてもいつのまにか失っているかである。知識は聞いて得るか、自分で見つけるか、いずれにしろほかから得ることができるものである。得ることができるものは、得ないこともありうるし、失うこともありうるのだ。

たとえば医者は、医学の知識を身につけたことによって医者を名乗る。そうでなければ、医者を名乗っていながら、その実、何をしてよいかわからないはずである。よい医者ではないというより詐欺師である。また医学の知識を得て医者となった者が、その知識を失うこともありうる。その人は過去には医者であったが、いまは医者ではないと言わざるをえない。もし医者を名乗れば、他者をだましていることになる。自分も他人も不幸にする。

しかし医学的知識があるだけでは、よい医者とはいわれない。患者やその家族にも配慮できなければならない。ほかの仕事も同様である。どの仕事をするにしても、それぞれの仕事に必要な知識とともに、普遍的に善美であるためにもたなければならない配慮・気づかいがある。それがなければ、よい夫、よい妻、よい仕事人ではないし、立派な人とは言われない。

ところで知識や配慮は、生まれたあとから体験を通して得るものであり、それゆえ失うこともある。一方、心が善美であるのは生まれつきのものである。しかし善美が心の本来であるとしても、それは失われるものである。善美であるかどうかは幸福であるかどうかであって、「心の状態」であるが、善美が失われるものでなければ、人間はいつでも全員が善美で幸福な人でなければならない。しかし現実には、多くの人が善美（幸福）を失っているではないか。

したがって、つぎのように理解しなくてはならない。

経験される知覚や、知覚から構成される知識や、経験を通じて得られる「配慮」は、心が手に入れる「所有」である。心が善美であるままにそれらを所有するなら、所有されている知識や気づかいも善美に用いられるから、人は善美のままでいられるが、善美に用いられる知識や気づかいが失われれば、それを通じて心の善美が失われる。心が善美で、かつ善美な配慮がなされれば、心は善美でいられるが、善美な配慮が失われれば、即、心の善美は失われるからである。

よい気づかいも失われたり得られたりするものであるならば、それは専門的な科学的・技術的知識ではないが、ある種の普遍的な知識であると考えられる。つまり心の善美をたもつために役立つ知識というものがあることになる。

では、生まれつきの善美を大人になっても守って生きていくために必要な知識とは、何であろうか。

それは一般的に「良識」ないし「常識」、あるいは道徳的「知恵」、または倫理的「知識」といわれるものである。古今東西の賢者たちはこの種の知恵を多く述べ、それが今日まで伝えられてきた。しかし現代においてはこのような教えは陳腐なものとみなされ、理解する者も少なくなっている。

ソクラテスも他の賢人と同様に、普遍的に善美な知識あるいは知恵、つまり人が道徳的に正しい人間（善美な人）であるための知識を探究した。同時代の人の伝えによれば、ソクラテスはひとり立ちどまったまま沈思黙考することがよくあった。ソクラテスはそれを独自に見つけていたのである。それはプラトンが善美なイデアと呼びつつ、探究するだけで見つけられなかった知識である。敬神・節制・勇気・正義そのほかの美徳を得、それらをたもつための知識である。

ソクラテスは人生の最後にあたって『弁明』でそれを述べている。

10　知恵・敬神・勇気・節制・正義を可能にする知識

弁明の場のソクラテスは、彼が日常ふつうに語るときの語り口で述べているので、陳腐なことを言っているだけだと思われがちである。あるいはソクラテスは裁判の被告の立場にあったのだから、自分の無罪を訴えるためだけに語ったことだと思われがちである。

当時の裁判は、死刑相当の裁判であっても、たった一日で結審する。しかも原告の訴えの時間があるので、被告ソクラテスの弁明の時間は長くない。しかしソクラテスは実質的な弁明を、持ち時間の前半で、告発者メレトスとの問答を通じて、きわめて短時間に終わらせ、そのあとに述べたことの大半はむしろ、人が善美であるために役立つ知識である。それは知恵者（ソフィスト）ソクラテスが一生をかけて得た功績の集大成である。

その内容を、いささかの推論もまじえて数えあげれば、つぎのようになる。

第一に、自分がこういう人間（生きて何かをする人間）として、ほかのどこでもないアテネに生まれ、そこで育ったのがなぜなのか、それを自分は知らないし、知ることもできない。また自分がいつ死ぬことになるか、なぜ死ぬことになるか、死んだらどうなるかについても、あらかじめ知らないし、知ることもできそうにない。これらについて知っている者があるとすれば、それは少なくとも人間よりも優れた者、すなわち神しかいないだろう。したがってこれらについては、自分は判断を放棄し神にまかせる。

ところで、神が人に教えようとすることを人は受けとることができるのか。

ソクラテスの言いぶんからすれば、神が教えようとしていることは、即座にではなくても、経験を通して周囲の状況から知ることができる。ソクラテスは、これをダイモーン（神霊）の諭しとして受けとっている。しかしソクラテスの心のなかではたらく論理が、直観的で無意識的であったから、本人にはダイモーンの声と思われただけのこともあったかもしれない。

さて、正義のために戦う者は「公共の仕事をするのではなく、私人として暮らすこと」が必要である、とソクラテスは主張している[3]。

ソクラテスはダイモーンの諭しと言うが、彼の知恵の原理からすると、人間は国政に関与して、あるいは国民として、正義であるための知識をもつことはできそうにないのである。『弁明』で「人間として、また一国の市民として、もつべき美徳を、知っている者があるだろうか……わたしは、そういう知識をもっていないのです」（20B-C、田中美知太郎訳）と言っている。つまり彼は、自己の善美（個人として美徳をもつこと）を守りつつ国政に関与することはできないと考えている。

一方、プラトンが描くソクラテスは、国民としての美徳、すなわち正義、節制、敬神、勇気などについて、探究しつつ答えのない対話をして終わる。プラトンのソクラテスは、国政に携わる美徳をとりあげるが、つねにアポリア（難局）に突きあたって去るのである。

実際のソクラテスは、国民としての美徳について「自分は知らない」とわかっていた（自分が知らないことを知らないと思っていた）。プラトンのソクラテスのように、あえて探究することはなかった。あくまでも、国民としての美徳について人間は根源的に無知であるほかないことを、人々に気づかせようとしていただけである。

国民（市民）としての美徳が知られえないということは、人は国家政治にかかわって善美であること、すなわち正義であることはできないということである。言い換えれば、国家の政治に参与するかぎり、人間は幸福にはなれないということである。ところが当時のアテネ市民はみんな政治にかかわりたがっていたので、ソクラテスの真意は当時の人々に理解されようもなかった。

プラトンもそんなアテネ市民と同じである。プラトンも市民としての美徳が人間になければ人間らしい人間として善美であることはできないと考えていた。だからこそ彼は、無知の自覚から美徳についても知の探究に向かう。

ソクラテスは、国家市民のもつべき公共的美徳は人間には生まれつきわからないとわかっていたので、人と問答してもむしろ「わからない」ことをその人が納得できるように、市民としての善美について厳しい質問を投げかけたのである。

しかしソクラテスは、個人としての美徳は「自分はもっている」という自覚があった。その根拠となる知識もすでに見つけていたので、弁明の問答を終わらせたあとで、それを明かしている。

11 美徳を実現する知識

その前に国民としての美徳を個人がもつことができない理由を見ておこう。

実際の都市国家アテネは、数万単位の市民が構成する国家であった。国民としての美徳は、この全体のためになる徳でなければならない。そのために必要な知識は何であるか考えなければならない。

まず国家は人間にとって生まれつきのものだろうか。「わからない」が答えであろう。国家は、軍事、食料配分、司法、そのほかいろいろなことを学ばなければ知りようもない仕方で運営されている。だとすれば、国家は誕生したときは善美でも悪でもなく、国家を指導・運営する人が必要な知識を欠いていれば悪くなると考えなければならない。

国家を構成するのは、さまざまな仕事をしている国民である。国民は善美であるために、おのおのその仕事に必要な知識をもたなければならない。その全体が国家を構成するのだから、国家を善美でありつづけさせるためには、国民ひとりひとりが善美でありつづけなければならないうえに、国家を指導する者がそれぞれの仕事に必要な知識のすべてを持ちあわせることが必要になる。国家が善美であるためには、国家を指導するリーダーは、リーダーとして知らなければならないことがらをすべて知っていなければならないからである。

リーダーとして知らなければならないこととは何だろうか。それは国民それぞれがもつ仕事に必要な知識・配慮のすべてである。なぜなら国家が統一的に、善美に運営されるためには、リーダーが国民がしている仕事の全体を理解しなければ、統制がとれないからである。

しかし当時のアテネ市内の自由市民は、ほぼ一万世帯であったといわれる。郊外に住む人も含めれば四万人とも五万人ともいわれる。それらの人々の仕事の知識をすべて知っていなければリーダーは国家を善美に指導できない——つまり国家を善美に（立派に）することはできない——ならば、そんなことが可能な人間がいるとはとうてい思えないではないか。

ソクラテスがさまざまな職業の人を訪ね歩いたのは、このことを確かめるためだったと思われる。そのうえでソクラテスは、国家の運営は個人の能力の限界を超えていると知ったのであろう。

国政にたずさわって善美であるためには、国政にたずさわるために必要な知識を身につけておかねばならない。しかし、それは人間の能力を超えていて不可能である。ところで、できないことをできると思うのは、知らないことを知っていると思うことである。ソクラテスによれば、それは誤りであり悪である。それゆえソクラテスの結論は、「自分の善美を守るためには、国政とかかわらないことが必要である」ということになる。

いうまでもなく、知りえないことについては神にまかせなければならない。生まれること、大人になって何をすればいいか知ること、いつ死ぬか、どういう理由で死ぬか、死んだらどうなるか、あるいは国家の運営のように人間の能力を超えたこと、またこれらと同列のことがら（将来のすべて）は、すべて神にまかせなければならない。これらすべては人間には知ることができないことがらだからである。知ることができないなら判断することはできない。したがって判断してはならない。判断することは悪であり過誤である。

そして、知ることができないことについては神にまかせなければならない、という知識をもつのであれば、「神を信ずるほかない」。

ところで、神にまかせるべきことを神にまかせることが真の「敬神」である。そうであれば、彼の論理に従うと、国家の運営も神にまかせなければならないのではないか。人間にまかせることは悪であろう。

それゆえソクラテスは、自分から国政に参与することは避けていた。唯一、人間である彼が国政に参与するのは、ソクラテスによれば、既成の決めごと（国家の法）に従ってのみである。なぜ法に従うことが例外となるかといえば、次の論理が成り立つからである。

ソクラテスがアテネに生まれたのは神のわざである。したがって、アテネの決めごとに従うのは、結局、神のわざに従うことであり、神から課された義務であると考えることができる。だからソクラテスは戦争にも行ったし、くじ引きで決まった政治活動の義務も誠実に引き受けている。

他方、他者が国政に参加するのが神のわざかどうか、自分にはわからない。他者と神の関係は、自分には知ることができないからである。したがって、他者に「国政に参与するな」というのは、人間として余計なことである。それゆえ他者が国政に参与するのは止めない。しかし自分が国政に参与することは控えるのである。

すでに触れたように、ソクラテスは国家とのかかわりについて、ダイモーンの諭しに従ったと弁明の場で言っている。しかし、ソクラテスが人間の生き方の原則としているものから、国家とのかかわりはできるだけ控えるべきことが一般的に結論づけられるのである。つまりソクラテスによれば、国政への参与は最低限にする。それが人が善美であるために必要な知識である。

第二に、死ぬことを神にまかせるなら、死を恐れるということは考えられない。死は神が決めることだから従うべきなのはわかっているし、神がするからには、人間以上の配慮があることもわかっている。だとすれば、死は人間が知ることができない善美にもとづく事態であり、それゆえ神の決める死（人間が決める死ではない）もまた善美である。悪であるかのように恐れたりすべきではない。

さて、死を恐れないことは「勇気」をもつことである。死を恐れて善美から離れることがないことが勇敢なことである。つまり真の「敬神」をもつなら、人は真の「勇気」をもつ。

第三に、人間が主体的に行動するときはじめて、その人が善美であるかどうかがわかる。そのとき行動を決めているのは、その人の精神であって、身体や金銭ではない。というのも精神の決定にもとづかなければその行動は主体的とは言えないからである。

そこでソクラテスは、つぎのような知識を披露する。

精神ができるだけすぐれたものになるように、随分気をつかわなければならないのであって、それよりも先、もしくは同程度にでも、身体や金銭のことを気にしてはならない……そしてそれは、金銭をいくらつんでも、そこからすぐれた精神が生まれてくるわけではなく、金銭その他のものが、人間のために善いものとなるのは、公私いずれにおいても、すべては精神のすぐれていることによるのだから。（田中美知太郎訳[4]）

このような配慮をもてば、人は何ごとにも「節制」のある人になる。なぜならその人は身体の欲することよりも精神の怠惰をおそれ、それゆえ欲に左右されることのない人間になるからである。

したがって何よりもまず自分の精神を気づかわなければならない。自分自身の精神に対して最大の親切をはたさなければならない。人はこれによって真に「節制」の美徳をもつ。

第四に、節制の美徳を身につければ欲望に左右されることはなくなるので、容易に「正義」

を守ることができる。ソクラテスは言う。

余計なものを必要とせず、当座のもので間に合う人間よりも、だれか正義の人と見なせる人を知っているでしょうか。[5]

じっさい精神にとっては余計なもの、すなわち欲望が求めるものを手に入れようとして、人は不正に手を染める。それがなければ不正を欲すること自体がありえない。ソクラテスによれば「不正なことを欲しない」ことが正義の証拠である。[6] だから善美であるために、ソクラテスは、「不正不義は決して行わないこと、このことにはあらゆる注意を払っている」（田中美知太郎訳[7]）という。言い換えれば、善美であるためにはこうせねばならないという知識をソクラテスはもっている。

こうしてソクラテスは、敬神の美徳と、勇気の美徳と、節制の美徳と、正義の美徳と、知恵の美徳をもった。彼はたしかに善美の人であった。プラトンもクセノポンも、この点については完全に一致している。プラトンによれば、

僕らの友人、ぼくらが知る限り、同時代の人の中で、もっともすぐれた、もっとも知恵のある、もっとも正義の人……　（プラトン『パイドン』末尾）

クセノポンによれば、

ソークラテースの人となりを知る人々、および美徳の達成につとむる人々は、いずれも美徳の修得に対するもっともすぐれた助言者であった彼に、いまだになおかぎりない思慕を寄せているのである。……（クセノポン『思い出』佐々木訳末尾）

12　ソクラテスの教えと現実社会

ソクラテスによれば、人の心の善美（心のまっすぐさ）は心が生まれつきもつものである。したがって多くの善美でない（幸福でない）人は、どうして幸福でないかと言えば、社会のなかで育つうちに善美であることを失わせる知識を教えられて、その結果、善美ではなくなっていると考えなければならない。というのもソクラテスの論理に従えば、人がソクラテスのような美徳をもたないのは、善美になろうとする意志が足りないからではなく、生まれつきもっていた精神の美徳を、誤った知識によって失ったからである。いわく「社会に役に立つ人間になるために、仕事に必要な知識を学んで、仕事の競争で勝てる人間にならなければならない」とか「神を信じて神に頼る生活は自立心のない奴隷の生活である」とか「たくさんのお金を得れば、好きなことができるから、それによって愉快な時間をすごすことができる」とか「そのためには、できるだけ長く生きなければ損である」とか……。

こういう知識を「当然のこと」と思うことによって、わたしたちの心は、「まっすぐ」でいることができなくなっている。心自体がすでに善美ではないので、善美に向かって進むことができない。それどころか、心が善美であることを失っているために、教えられなければ「善美であること」がわからなくなっている。言い換えると、わたしたちは「幸福である」とはどういう暮らしであるかわからない状態に陥っているのである。

だからこそ、ソクラテスの修得した美徳が困難なものに見える。

ソクラテスが教えることができるものは、まだ善美であるうちに善美であることを「守る」こと、もし善美であることを失っていたら、それをとり戻すための知識である。しかし、すでに善美を失った心は、それが善美をとり戻す善美な知識と思うことができず、口頭試問の厳しい質問に答えなければならないときのように、緊張し、喜ぶことができず、せいぜいどこかで聞いたような陳腐でつまらない知識と考える。

それはクセノポンの『思い出』に出てくるソクラテスの訓告を読めばわかる。経済が発展した社会で贅沢に喜びを見いだしている人間が、「幸福にとっては無意味だからそれをぜんぶ捨てろ」と言われて、たしかにわかるはずもない。

ソクラテスによれば、贅沢そのものが悪いのではなく、贅沢に意味を見いだす心が、すでに自分の心を気づかうことを忘れているから間違っているのである。ソクラテスの言うことは、たしかに正論である。反論はできない。しかし正論が机上の空論にも等しい「お話」としか聞こえない人は、とうてい納得できずに終わるしかない。そして納得できない人のほうが社会の大多数なら、社会のなかで生きているかぎり、納得できない自分に疑問は感じないだろう。

じっさい、ソクラテスの言うことが「わかる」ためには、心がもつ「気づく」力が、自分の心のはたらき自身に向けて、健全に（素直に）はたらかなければならない。その力をすでに失っていれば、ソクラテスが正論を示しても、その正しさがわからない。したがって、ふつうの人はそれを努力して学ぼうとか、金銭を払ってでも学ぼうと思うことができない。八方ふさがりなのである。

13　哲学問答の危険性

ところでソクラテスの問答は、善美を心にとり戻すために、自分のもつ知識が正しくないと気づかせるような問答であり、「知っていることを知らないと思う」とか「知らないことを知っていると思う」ことがないように自覚をうながすものであった。しかしその逆の問答が世の中にはあふれている。正しくない知識を心にうながすような問答であり、「知らないこと」でも「知っていると思う」ことができるように思いこませる説得である。プラトンやアリストテレスが「ソフィスト」の問答ないし演説と見なしたものである。

しかし両者の区別はむずかしい。ソクラテスの問答も、受けとり方しだいで悪に応用できる側面がある。哲学もまた技術としては両刃の剣なのである。

ソクラテスが示した哲学問答の技術自体は、かならずしも善美なものでも安全なものでもない。安全なものにするためには、あらかじめ、めざすべき善美を認識している必要がある。ソクラテスはあらかじめ善美を知っていたので、問答の技術を心の善美に向けて使うことができた。

しかし古代において、ソクラテスの問答技術を自分の勝手な望みをかなえるために用いた人はいた。たとえばアルキビアデスである。彼は国民集会で演説して大喝采を受け、シチリアへの大軍の派遣を決め、シチリアでの大敗北によって自国を困難な状況に陥れた。クセノポンが『思い出』のはじめのほうで指摘していることである。

中世になって、哲学問答の技術を悪に応用させず、善美の原則を守らせたのは、キリスト教の教義である。中世の神学の哲学問答は、カトリック教会の教義の指導のもとに神学者によって行われるものだったからである。

では、近現代において、哲学問答の危険性から安全を保証してくれるものは何だろうか。

デカルトでは「良識」だった。じっさい歴史のなかでよさを認められている哲学はどれも、哲学を悪用しない（されない）ための隠れた原則をもっている。哲学的論法や問答の技術に終始してその原則を忘れるとき、哲学の危険性があらわになる。著名な哲学者、たとえばニーチェやハイデッガーや西田幾多郎が示した思索が独裁政治に荷担するものではないかと、ときに疑われるのは、こうした事情からであろう。

哲学が心の善美を守るための知識であるために行う問答という一種の修行が、心の善美をあらかじめ知っていなければ危険なものになるという事実は、宗教の分野にも言えることである。オウム真理教は、かつて教団の幹部だった人間によれば[8]、まじめなヨガの修練を通じて心の奥底にある霊的エネルギーを解放することには成功していたという。それによって意外に多くの人間が神秘体験を得ていたともいう。

ところで、同教団においては、神秘体験はたしかに修行の成就を意味する。しかし麻原がその修行の方法を学んだインドの伝統的な教団では、霊的エネルギーの解放は自我（エゴ）を抑制する力をともなわないと危険だと言われていたという。ちょうど核エネルギーが解放されたとき、十分な制御がなければ大爆発を起こすように、霊的エネルギーの解放も自我を抑制する力の向上をともなっていないと、解放され強力になった霊的エネルギーが自我の欲求を強め、誤った想像力によって危険思想を生みだすという。

したがってヨガによる神秘体験の獲得は、指導者の慎重な指導のもとに、段階を踏んでなされるべきだというのである。

ところがオウム教団には、だれひとり自我抑制に成功した人間はいなかったらしい。教祖の麻原彰晃も、神秘体験を求めてはまじめに修行していたが、自我の抑制力はあとまわしにしていたらしい。

その結果、何が起きたか。

修行を成功させ神秘体験を得た者が、霊的エネルギーの解放がもたらす神経の過敏さや異常さから魔境に陥ってしまったというのである。しかも早々と神秘体験を得たものは幹部に登用されていたので、教団内部には教祖や幹部の暴走をとめる人がいなくなり、ついに松本サリン事件（一九九四年）や地下鉄サリン事件（一九九五年）など化学兵器を使った無差別テロが起こる。

ソクラテスは、麻原彰晃が踏み誤った道を歩まなかった。ソクラテスははじめから心の善美を守るための道を探し、それをある程度見つけてから、神託を得て、人々と問答をはじめたのである。つまりソクラテスによる問答修行（哲学）は、たとえ人が面食らうような奇妙なものと見えても、人が混乱して間違った道に進まないだけの知恵をあらかじめ身につけたソクラテスの指導のもとになされていたのである。

逆にいえば、ソクラテスの善美の指導なしに、ソクラテスがたくみに操った論理をまねるだけだと、いつしか善悪の区別もできなくなって混乱に陥る可能性がある。だから若くして哲学の問答や議論の方法に親しみすぎると、自覚のないままに、悪を擁護してしまうかもしれないのである。

先に挙げたニーチェ、ハイデッガー、西田幾多郎だけではない。プラトンもヘーゲルもマルクスも、カール・ポッパー(『開かれた社会とその敵』、邦訳、未來社)によって、自由市民社会を否定する全体主義者ではないかと疑われているのは、よく知られている事実である。

読者のなかには、戦争礼賛や全体主義が悪だと、どうしてわかるのかという人もいるだろう。しかしソクラテスの論理では、国家の存在自体が自明ではなく、国政への参与自体が不正に手を染める何かをもっているのである。国家の交戦権の根拠が疑わしいことはすでに述べたが、他国から攻撃があったときですら、国家を守るべきかどうか疑わしい。しかし、これは他国の支配を甘んじて受けるべきだということではない。むしろいかなる国家支配も、捨てられるなら捨てたほうが善美である、という意味である。

14 ソクラテスの知恵の原理

ソクラテスの考えはこうであった。

人間の心は、生れたときには「善美である」。生来の善美とは、心が心の受けとるすべてについて、まっすぐに素直に受けとって判断する力である。しかし、人は生まれて育つあいだに偽りの知識を得ることによって善美を失う。「死は恐ろしい」と教えられ、「神など本当はいない」と教えられ、「欲望を満たすことが楽しいことであり、生きる意味だ」と教えられ、「お金がないと生きていけない」と教えられ、「お腹が空くと死んでしまう」と教えられ、「あそこの国はよくない国だ」と教えられ、社会で成功した人をたたえて「あの人は偉い人だ」と教えられ、いろいろ間違った知識を与えられて、それらの知識を正しいとみなして学ぶことで、むしろ文明世界では「善良な社会の一員」と認められるようになる。

善良な社会の一員となった人は、それらの知識のおかげで、いま目の前にあるものを自分の心で素直に知ることができなくなる。その結果、社会の偏見に沿った判断を信じるようになる。こうしたことの積み重ねで本来心がもっていた善美が失われる。

「死は恐ろしい」「毎日食べなければならない」「お金がないと生きていけない」「神などいない、ただのお伽話だ」「物質的なものしかない」――これらは文明社会で広く教えられているし、常識として学ばなければ文明社会のなかで生きていくことができない。お金や食事や物質的なもののために、文明社会の人間は額に汗してはたらいているからである。

文明社会が求めるのは快適で刺激的な生き方である。国民の目に華々しく生きて、国民のために華々しく散るのが、価値ある生き方である。人々の視線を浴びる生き方が理想の生き方であるとされ、つねに舞台に立つような人生が求められる。それがおもしろい人生であり、幸福な人生であるとされる。これらを学ばない人間、これらのためにはたらかない人間は、無知だと見くだされ、怠惰だ、と非難されるだろう。

ソクラテスが示した知識はこういう生き方とは真っ向から対立するので、文明生活のなかでは輝かしい知識として受けとられにくい。そもそもソクラテスの教えを知ると、ソクラテス自身がそうであったように、社会の表舞台で活躍できない人間にならざるをえない。ソクラテスの知を学ぶと、生死の区別もできない生き方（些細な生き方）に誘われるし、節度のある生活をするために贅沢を楽しめない人になるからである。

したがって、ソクラテスのように社会の片隅で政治に無関心に生きる者は、人目を忍んでこそこそと生きる役立たずだ、と軽蔑される。じっさいプラトンは、ソクラテスが当時そういう見方をされていたと伝えている。

いい年になってもまだ哲学していて、それから抜け出ようとしない者を見たりするときは、ソクラテスよ、そんな男はもう、ぶん殴ってやらなければならないとぼくは思うのだ。なぜなら、そういう人間は、さっきも言ったことだけれど、いかによい素質をもって生まれて来ていたところで、もう男子たる資格のない者となってしまっているからだ。かの詩人（ホメロス）が、男子たるものの栄誉を輝かす場所としてあげている、あの一国の中央の、人の集まるアゴラを避けて、社会の片隅にもぐりこみ、三、四人の青少年を相手にぼそぼそとつぶやくだけで、その余生を送り、自由に、大声で、思う存分の発言をすることもなくなっているからである。（『ゴルギアス』加来彰俊訳）

しかし、たとえだれもが憧れ、羨む、はなばなしい生き方ができたとしても、心の善美が失われるということは、心が受けとるものすべてがゆがむ、ということである。何をしても何を見ても何を聞いても、まっすぐに心にとどくものを失って、何のために生きているのか本人にもわからなくなる。そうなると、生きることについて悩むか、その疑問を払拭するためにますます文明社会の教えにのめりこんで刺激的な人生を求めるようになるか、どちらかである。幸福を感じられない人が、幸福を感じられないのは自分のはたらきがまだ少ないからだと勘違いしてしまう。だからますます激しく大量に何かを消費する生活を求めてがんばってしまう。刺激的な生活に酔いしれて疑問を一時的に忘れ、幸せを感じるように努力するのである。

しかし、それでは何も解決しない。生きる時間を奪われるだけであり、袋小路に陥るだけである。

わたくしごとだが、かつてソクラテスの哲学をもっとも深く理解したのはプラトンだと専門家の書物に教えられ、一所懸命プラトンを学び、その結果『弁明』を素直に読むことができなくなってしまった。むしろ専門家の説をあまり読まなかった『源氏物語』を自分の目で素のままに読むことで、心の雲が晴れた経験がある。その経験があったからこそ、時間はかかったが、『弁明』を素のままに読むことができた。

世の中では、新聞、雑誌、テレビ、インターネットを通じて、日々たくさんの知識が人々に伝えられている。どれも「この知識はいまのあなたに必要です」と言っている。

しかしそれらの情報は、心の善美を守るものだろうか。実際のところほとんどの知識は文明を守り発達させるための知識である。生れつきの善美を捨てて、文明社会の役に立つ人間になるように教育する知識である。文明はいまも進歩しているから、つねに新しいものが求められるべきであり、それを身につけなければ時代についていけないぞ、と強迫することによって、生まれつきの心の善美を、むしろ古臭い陳腐なものとして捨ててしまうように、日々わたしたちを唆している。

註

第1章

（1）トマス・アクィナス『神学大全』第一部第二九問題第三項。
（2）同前
（3）クセノポン著『饗宴』八、八木雄二著『裸足のソクラテス』春秋社、一七二頁。

第2章

（1）アウグスティヌス『アカデミア派駁論』第一巻九「哲学がわたしたちを完全に解放すると約束している自由によって、わたしは権威というあの軛をふり棄てた。」（清水正照訳）

第3章

（1）デカルト『方法序説』第三部、および、アウグスティヌス『アカデミア派駁論』第二巻の一「運命の波風と戦う場合には、（中略）徳について誓いを立てて戦わなければなりません。こうしてわたしたちは神に助けられ、わたしたちのすぐれた研究の意図を一貫して堅持し、決して研究の途からそれを逸脱させないで、ついに最も安全で最も喜びにみちた哲学という港に到着することができるのです。」（清水正照訳）

第4章

（1）プラトン『ソクラテスの弁明・クリトン』三嶋・田中訳、講談社学術文庫、一九九八年。

第5章

（1）クセノポン著『饗宴』全文の日本語訳は、拙著『裸足のソクラテス』春秋社、二〇一七年に載せた。
（2）クセノポン著『家政』全文の日本語訳は、前掲書『裸足のソクラテス』に載せた。
（3）プラトン『弁明』32A。
（4）プラトン『弁明』32A。
（5）クセノポン著『弁明』16。この部分の日本語訳（部分訳）は、前掲書『裸足のソクラテス』に載せた。
（6）クセノポン著『思い出』第四巻の四-12。
（7）プラトン『弁明』32D。
（8）田口ランディ『逆さに吊るされた男』河出書房新社、二〇一七年、一六六頁以下。

おわりに

この本は、いままでの哲学紹介の内容とは、少しおもむきが違うものになった。世の中の定年の年齢を超えたことで気が緩んだのか、自分が学んで来た哲学を応用して現代に批評を加える誘惑に勝てなくなったかもしれない。それとも、人生の晩年に入ったからこそ、学んだ哲学を自分個人の経験を通して公的に「活かす」試みに勇気をもって挑んだと言うべきか。

考えたことが、うまく整理されて書けたところと、どうしてもすっきりさせることができなかったところがあった。正直、個人的局面にあたって、論理的に書くことがまだ十分にできない自分が見えたようで歯がゆい思いがある。

高齢者ドライバーの悲劇が頭をかすめる。そのとき足が妙な具合に硬直して自分でも自覚のないままにアクセルを踏み続けて事故を起こしたということだとしたら、自分の原稿作りも、高齢ゆえの過ちを犯していないかと。

しかし、哲学を専門とする個人として、あるいは、著作者の良心として、政治や宗教とどう向き合うべきか、自分の人生とどう向き合うべきか、この年齢にもなって知らぬ存ぜぬではすまないことも事実だろう。古代と中世の哲学を拾いながら、その点は誠実に書いたつもりである。

とはいえ、読者には、こちらの勝手につき合わせてしまったところがあるかもしれない。読者も年をとるのは同じと考えて、ご寛恕いただければと思うばかりである。

令和元年　初夏

八木雄二

八木雄二 *Yuji YAGI*
1952年、東京生まれ。慶應義塾大学大学院哲学専攻博士課程修了。文学博士。専門はドゥンス・スコトゥスの哲学。現在、清泉女子大学非常勤講師、東京港グリーンボランティア代表。東京キリスト教神学研究所所長。著書に『スコトゥスの存在理解』（創文社）、『イエスと親鸞』（講談社選書メチエ）、『中世哲学への招待』『古代哲学への招待』（平凡社新書）、『「ただ一人」生きる思想』（ちくま新書）、『神を哲学した中世——ヨーロッパ精神の源流』（新潮選書）、『天使はなぜ堕落するのか——中世哲学の興亡』『聖母の博士と神の秩序——ヨハネス・ドゥンス・スコトゥスの世界』『哲学の始原——ソクラテスはほんとうは何を伝えたかったのか』『裸足のソクラテス——哲学の祖の実像を追う』（以上、春秋社）など。訳書に『中世思想原典集成』（共訳、平凡社）など。

神の三位一体が人権を生んだ
現代思想としての古代・中世哲学

2019年6月25日　第1刷発行

著者——八木雄二
発行者——神田　明
発行所——株式会社 春秋社
〒101-0021東京都千代田区外神田2-18-6
電話03-3255-9611
振替00180-6-24861
http://www.shunjusha.co.jp/
印刷——株式会社 太平印刷社
製本——ナショナル製本 協同組合
装丁——伊藤滋章

Printed in Japan, Shunjusha
ISBN978-4-393-32231-4
定価はカバー等に表示してあります